本书是2015年度国家社会科学基金西部项目《新型城镇化背景下西部地区城市少数民族民生问题研究》（课题编号：15XMZ078）结题最终成果。

九州文库

西部城市民生变迁研究

付蓓 著

九州出版社
JIUZHOUPRESS

图书在版编目（CIP）数据

西部城市民生变迁研究／付蓓著 . -- 北京：九州
出版社，2021.12

ISBN 978-7-5225-0785-9

Ⅰ.①西… Ⅱ.①付… Ⅲ.①城市—居民生活—变迁
—研究—西北地区②城市—居民生活—变迁—研究—西南
地区 Ⅳ.①C913.3

中国版本图书馆 CIP 数据核字（2021）第 272891 号

西部城市民生变迁研究

作　　者	付　蓓　著	
责任编辑	黄瑞丽	
出版发行	九州出版社	
地　　址	北京市西城区阜外大街甲 35 号（100037）	
发行电话	（010）68992190/3/5/6	
网　　址	www.jiuzhoupress.com	
印　　刷	唐山才智印刷有限公司	
开　　本	710 毫米×1000 毫米　16 开	
印　　张	13	
字　　数	159 千字	
版　　次	2022 年 1 月第 1 版	
印　　次	2022 年 1 月第 1 次印刷	
书　　号	ISBN 978-7-5225-0785-9	
定　　价	85.00 元	

前　言

生活在城市中的少数民族是我国城市人口重要组成部分。在新型城镇化背景下，越来越多的少数民族群众怀揣追寻美好生活梦想进入城市，但城市的繁华与个人生活的困顿交织在一起，使得城市少数民族民生问题逐渐突显。城市少数民族民生问题是我国城市民族工作的核心，只有地方政府充分领会中央民族工作会议精神，做好保障少数民族权益的各种政策设计，才能让少数民族真正在城市扎根立足。本课题以西部城市为切入点，紧紧扣住西部城市少数民族众多、民族特点鲜明的实际，强调通过调研客观公正地评价西部城市少数民族民生现状，在此基础上提出解决问题的对策，为加强和创新西部城市管理体制，巩固和发展社会主义新型民族关系提供理论和实践支持。

把西部十二个省会城市少数民族群体作为研究对象，是我国民生领域的一个新尝试。课题组建立了一套较为科学的民生测评体系，测评体系兼顾客观指标和主观指标两个方面，既从宏观的视角测评西部城市民生治理水平（"居民生活""公共服务""公共安全"和"生态文明"），又从微观的视角（"民意感知"）探寻生活重压之下复杂多变的个人心态，透析"有形"问题背后的"无形"问题。调研分两个维度展开，一是在全国31个省会城市进行电话调研，二是选择西部四城市（西南地区的南宁市和拉萨市，西北地区的兰州市和乌鲁木齐市）展开入户问卷调查。测评体系把模糊抽象的民生问题数字化，确保西部城市少数民族民生状况真实、直观，以利于破解西部城市少数民族民生问题。

本书内容共6章。

第1章绪论。作为全书的理论基础和研究的起点，首先界定"城市少数民族"的含义与分类，厘清民生、民生问题和民生发展等相关概念。其次追踪国内外民生问题研究和应用，特别是对民生评价指数研究做一下梳理。

第2章民生理论基础。介绍国内外关于民生理念和中共历代领导集体对民生问题的理论探索，论述新时代党中央关于民族地区民生问题的政策。

第3章西部城市少数民族民生调研概述。介绍民生调研设计、问卷内容和样本基本情况。按照民生测评体系，直观描述西部12市测评指标在全国区间排位，并进行西部城市之间测评指标的差异对比。

第4章西部城市少数民族客观民生问题分析。通过构建树权型层级关系，将抽象指标逐层分解细化，形成三个层级测评体系，从"居民生活""公共服务""公共安全"和"生态文明"四个角度逐层分解测试调研问卷。

第5章西部城市少数民族主观民生问题。一级指标2个，下设3个二级指标，再设6个三级指标，主要从"幸福感"和"信心度"两个角度逐层分解测试调研问卷。

第6章加快西部城市少数民族民生发展的对策与建议，并按照测评体系五个一级指标内容展开论述。

在新型城镇化浪潮冲击下，少数民族群众进入城市实现美好生活的愿望越来越强烈，2021年是"十四五"规划的开局之年，西部城市需要提前谋划布局城市接纳能力，让少数民族共同为全面建成小康社会尽一份力。

目 录
CONTENTS

第一章　绪论

"民生"内涵广泛，涉及人们生存和发展各个领域，具体体现在就业、教育、住房、医疗、养老、环境、治安、政府治理等事关人民福祉的各个层面。因此，从本质上讲，"民生问题"就是为"人的全面发展"提供全面社会基础设施时遇到的难题。下面介绍国内外民生问题研究概况。

第一节　国内外民生问题研究综述

本部分主要从国外和国内两个角度总结民生问题的研究轨迹，从前人的研究脉络中搜寻民生问题的演变规律与发展方向，以开拓我们的研究思路与思维方法。首先，按时间顺序追踪国外关于民生问题的研究历程；其次，国内民生问题的研究与我国政府治国理政相关政策紧密联系，政府实施民生政策的力度与国内理论界民生问题的研究同频共振；最后，摸清城市少数民族民生问题研究状况，指出今后需要进一步研究的民生问题。

一、国外民生理论研究和应用

中文"民生"一词对应的英文翻译是"the people's livelihood"，中外词义相近，但学术研究视角迥异。我国民生研究视野宏观，多从公共政策、社会治理等国家管理层面考虑问题。与之相反，国外大多数研究机构强调从微观层面研究民生。他们选取"快乐""福祉""主观幸福""客观幸福"和"居民生活质量"等这一类更直白易懂的生活词汇，来研究居民在物质、生活、文化等各个方面的满足程度。

生活质量的研究于20世纪50—60年代在欧美一些国家兴起，并于20世纪70年代风行世界。其社会背景是人们对传统发展模式开始反思，对其模式目标仅以经济增长为核心产生了犹疑。国外"居民生活质量"的研究经历三个阶段。第一阶段是早期生活质量的研究。第二阶段"主观幸福感"的研究，是从社会学和心理学视角出发，判定生活是否幸福不看外部其他条件，全凭自己对生活的情绪体验。如果自己的情绪是正向的，积极向上的，就认为自己生活是幸福的，这个观点对世人影响最为深远。1990年以后，部分经济学家把幸福感与经济密切联系起来研究，透过经济反馈民众幸福感，即第三阶段"经济与幸福感"的研究。这三个研究阶段是循序渐进推进的。

在理论应用层面上，国外学界主推"幸福指数"量化研究方法。不丹是南亚小国，但其国王旺楚却在世界上大名鼎鼎，主要源于他最早提出"幸福指数"一词。1970年他把"幸福指数"概念扩展为"国民幸福总值"（GNH）测量系统，用数字量化评估政府政绩、关注国民幸福和完善治国政策，取代之前对幸福的模糊判断状况，这就是"不丹模式"。从此，幸福指数开始引起各国政要、经济学家关注。2002年，英国政府提出"国民消费指数"（MDP），从消费视角衡量国民幸福程度，这更贴近西方发达国家经济状况。与此同时，幸福指数研究也开始在日本流行起来。日本重视民族文化，认为民族文化与个体幸福息息相关，提出用"国民快乐指数"（GNC）衡量国民幸福与否。

民意调查是深入了解民生现状的一个重要途径，但对研究者的学术基础和专业技能均要求较高。通常研究者既需要凭借科学的调查方法迅速抓取社会重点热点问题的民意动态，也需要通过专业的研究路径来对调查数据进行准确无误的解读。由于研究门槛较高，许多隶属于媒体和商业机构的调查公司无法胜任民意调查工作，被挡在了民意调查领域之外。于是在全球范围内民调研究的领跑者和规范制定者始终由高等院校建立的民意调查机构来担当，如美国校际社会科学数据共享联盟（ICPSR）和芝加哥大学全国民意调查中心（NORC）这两个典型的民意调查机构，不仅收纳有价值极高的民意调查数据，而且研究成果在全球也颇具影响力。

二、国内民生问题研究概况

（一）国内民生政策演进

民生思想在中国千年历史时光里穿越流传，各种改善民生的理念层出不穷。1905 年孙中山的民生主义被认为是国内最早改善民生的官方方案，虽然最终实践失败，但为后人做出了思想指引。

中华人民共和国成立和社会主义基本制度的确立，是 20 世纪中国一次划时代的历史巨变，中国人民真正成为了国家的主人，人们以极大的热情投身社会主义建设道路的探索，中华民族进入发展的新纪元。随着改革开放不断向纵深推进，社会生活领域逐渐出现一些新情况新问题，以前一直被忽视的民生问题突然显现成为全民广泛关注的热点。国内民生问题研究历程是从书斋逐步走向社会实践的过程。首先是学者从纯学术角度研究民众的生活质量，然后随着政府民生政策的不断出台落实而逐步被大众熟悉、接受和重视。国内民生问题研究态势和党的代表大会同步，得到政府支持与推动。

2002 年，党的十六大报告专门用一个篇幅重点阐述民生，堪称我党改革开放以来改善民生宣言书，点燃了全国人民探索民生改善的信心与勇气，国内民生建设开始摸索起步。真正加速国内改善民生实施的是 2007 年，党的十七大召开，这一阶段后学术研究成果超越了前一阶段，研究民生理论基础的文章多了起来，理论研究为民生实践提供强有力的支撑（郑功成，2004；胡鞍钢，2008；柳礼泉，2009；孙学玉，2010；李培林，2010）。2012 年，党的十八大把民生问题摆在更加突出位置，提出不应把 GDP 作为地方政府政绩唯一考核标准，出台了许多具体实在的民生保障措施，进一步推动了民生研究向深度进展。李小宁 (2015)[①] 对古今中外民生思想做了客观的梳理。

2017 年，党的十九大积极回应人民群众对"美好生活"的期盼，提出民生"七有"目标，并将"平安中国""精准脱贫""健康中国""生态文明"和"法治民生"等方面列入民生建设的领域，提出考核地方政府政绩要通过综合评价考核体系，不应只看地方经济发展速度单一指标，民生研究进入更大发展空间阶段。随着政府民生政策不断清晰与完善，国内民生应用研究成为显学。（详见图 1 - 1 我国民生问题期刊发表年度趋势）

---

① 李小宁. 民生论 [M]. 北京：人民出版社，2015.

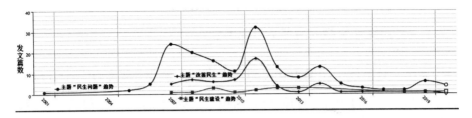

图 1-1 我国民生问题期刊发表年度趋势

通过中国知网（CNKI）查询我国民生问题学术关注度，显示 1986 年 1 月 1 日—2019 年 12 月 31 日期间，以"篇名"查询"民生问题"，共有期刊发表 962 篇；以"题名"查询"民生问题"硕博论文共 83 篇；以"主题"查询"民生问题"会议发文 318 篇。图 1-1 显示，国内民生问题研究的峰值出现在 2012 年，其后与民生问题相关会议、硕博论文成果丰硕。（详见图 1-2 各年度与民生问题相关的硕博论文篇数）

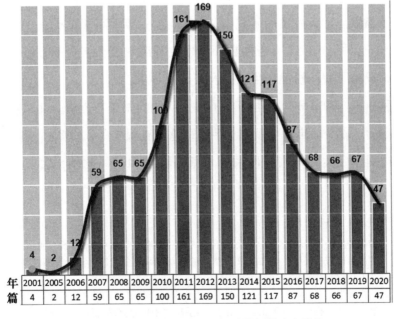

年	2001	2005	2006	2007	2008	2009	2010	2011	2012	2013	2014	2015	2016	2017	2018	2019	2020
篇	4	2	12	59	65	65	100	161	169	150	121	117	87	68	66	67	47

图 1-2 各年度与民生问题相关的硕博论文篇数

（二）民生评价指数研究成果斐然

当前，对当代中国民生状况的评价是一个复杂、多角度、全方位的综合评判系统。通常采用的研究方法包括：纵向横向对比研究法、主观客观结合研究法、定性分析与定量分析研究法、多学科综合分析法、国内国外对比研究法等。在国内民生问题研究中，考察民生状况及其社会政策实施对民生改善的效果评价占有相当的比例，其研究成果直接服务于各级政府及社会各界相关行动的实施和调整。

在民生应用领域，最有影响的当属相关政府和以高校为依托承担大规模社情民意调查的民间机构开展的民意调查，重点聚焦于各专项民生状况的评价，定期与不定期发布相关民生问题专项调查报告，其中民生评价指数研究成果斐然。如：国家统计局近年来编制发布《中国民生与发展指数报告》，该报告以收集客观数据为主，并据此编制各地民生与发展指数。国务院发展研究中心[1]已连续七年编制和发布《中国民生指数》。这种运用民生客观指数和民生主观满意度相结合的方法，较为系统地反映了我国居民民生状况及其改进诉求。

科研机构和部分高校也开展了民生问题的调查与分析。北京零点公司发布的"部分城市和乡镇的女性幸福感调查报告"（2008）。南开大学发布"科学发展评价指标体系"（逢锦聚，2012）。此外，北京大学[2]、

---

[1] 国务院发展研究中心"中国民生指数研究"课题组从 2013 年开始，通过民生满意度电话调查、民生关切点入户调查（每年入户调查全国省份实行省际轮换），已连续七年编制和发布《中国民生指数》。

[2] 北京大学中国社会科学调查中心，建立中国社会问题实证研究的跨学科平台，定期发布《中国民生与发展报告》。此外还承担"中国家庭动态跟踪调查"和"中国健康养老追踪调查"两个大型社会调查项目。

上海交通大学①的社会调查做得也非常成功，两校均定期发布民生报告。北京师范大学政府管理学院每年都有一个切中时事的民生主题，并且每年推出一本《中国民生发展报告》。例如，2013 年主题是"腐败对政府效率的侵蚀"、2015 年"法治民生"、2016 年"精准扶贫"，2018 年以"改革：民生动力"为主题，探讨改革对民生发展的影响。② 与此同时，中国人民大学、上海财经大学等院校相关民生专题调查，发布"消费者信心指数"，多角度反映民众对社会经济状况的评价。上海、广东、四川、湖南等地部分高校进行民生调查，编制发布相关区域的民生指数报告，把握民众对民生状况的评价与愿望方面，提供了一批富有建树的研究成果。此外，还有学者从社会、法律等多角度透视民生发展状况，例如王杰秀，邹波（2019）③ 在全国设多个社区治理观察点进行考察，得出发挥社区民生问题治理新功能的观点。可以说，历经政府机构与学术界多年努力探索构建中国特色的民生状况及其评估体系，已经取得积极的进展。国内关于民生各领域、各相关专题的研究成果，均为本项目调研西部城市少数民族民生满意度提供了重要的理论与实践的启示。总之，民生问题已成为国内各阶层共同关注的舆情风向标。

（三）西部城市少数民族民生问题研究极为薄弱

目前，专门研究西部城市少数民族民生问题的专著还未见，偶有学

---

① 上海交通大学舆情研究实验室社会调查中心，开展全国民意调查以及多种专项调查，构建"综合民生调查数据库"，发布《中国民生调查报告》。谢耘耕. 民调蓝皮书：中国民生调查报告（2014）[M]. 北京：社会科学文献出版社，2014.
② 北京师范大学政府管理学院著. 2018中国民生发展报告 [M]. 北京：北京师范大学出版社，2019.
③ 王杰秀，邹波编著. 中国民生民政系列丛书中国社区治理创新上下 [M]. 北京：人民出版社，2019.

者从单一的某方面附带进行论述。例如在研究民族经济（李建中，2012；洪名勇、姚慧琴，2013）、民族政策（何龙群，2005；金炳镐，2006；荣仕星，2009；龚志祥，2010）、民主法制（李资源，2009；熊文钊，2010）时涉及西部城市少数民族民生问题。

人口流动与民生密切相关。在新型城镇化浪潮冲击下，越来越多的少数民族群众为了更好的生活进入城市务工，城市成为各民族交往接触的前沿地带。随着各民族在城市中的利益交往越来越多，城市流动人口的研究成为显学。其中影响较大的专著有：2001 年出版的《城市中的少数民族》① 一书，是最早专门关注城市流动人口生存状况的调研报告汇编集。江曼琦（2009）② 和马胜春（2012）③ 也分别从就业和社会保障视角对城市少数民族民生问题展开研究，分析了就业和社会保障不到位的原因及提出应对对策。马戎（2012）④ 对进入西北六城市⑤的流动群体进行实证调查，调查从两个群体分别展开，不仅调查流动人口迁入城市后的生活，而且考察迁入者的到来对当地居民生活资源（就业机会、住房、福利、公共基础设施承受力等方面）的影响。并且同时从教育、职业、收入、消费和住房等方面，对本地居民与迁移群体进行了比较，以期找到人们为何要迁移、迁移是否达到预期希望。李吉和（2016）⑥ 考

---

① 中国都市人类学会秘书处. 城市中的少数民族 [M]. 北京：民族出版社，2000.
② 江曼琦. 少数民族经济发展与城市化问题研究江 [M]. 北京：经济科学出版社，2000.
③ 马胜春. 中国城市少数民族流动人口的生活适应性研究 [M]. 北京：中国财政经济出版社，2013.
④ 马戎. 西部开发中的人口流动与族际交往研究 [M]. 北京：经济科学出版社，2012.
⑤ 调研的西部六城市是：乌鲁木齐、拉萨、兰州、银川、西宁和格尔木。
⑥ 李吉和，马冬梅，常岚，哈尼克孜，卢时秀. 流动、调适与融入城市少数民族流动人口调查 [M]. 武汉：华中科技大学出版社，2016.

察了少数民族进入中东部城市后是否适应、能否融入问题，提出发达地区管理流动人口经验对于西部城市有重要借鉴意义。单菲菲（2019）①在《城市多民族社区治理》中，重点关注城市多民族社区工作，作者通过多案例调查，探寻西北民族地区尤其是城市区域稳定与发展的策略与道路。关于我国流动人口调查最权威的报告是国家卫生健康委员会，从 2010 年起，每年编辑出版年度流动人口报告。其中，《中国流动人口发展报告》（2018）② 提出推动基本公共服务均等化政策建议。从整体上看，西部地区城市少数民族民生问题的研究取得了一些成果，但系统性研究尚不多见，因此，笔者试图深化西部地区城市少数民族民生问题的理论和实践，也期望推进西部地区城市少数民族民生问题的深入探讨。更为重要的是，试图为进一步解决西部地区城市少数民族民生问题提供一些决策上的建议。

三、需要进一步研究的问题

当前，城市少数民族民生问题受到全社会关注，在具体研究中取得了令人欣喜的成绩，但同时也存在许多需要改进的地方。一方面，对其独特性重视不足。城市少数民族民生问题，是对新时代党的民族政策和执政能力的一个重大考验，关系着能否构建大一统的多民族国家的稳定局面。③ 城市少数民族民生问题相比于城市其他问题而言，更有其独特性。首先是重大性。城市少数民族民生一旦出状况，往往涉及面广、影

---

① 单菲菲. 城市多民族社区治理［M］. 北京：社会科学文献出版社，2019.
② 国家卫生健康委员会. 中国流动人口发展报告［M］. 北京：中国人口出版社，2018.
③ 付蓓，韦怀远. 建国初期广西民族地区民生问题研究［J］. 湖北民族学院学报（哲社版），2013，（1）.

响大。其次是复杂性。城市少数民族民生问题涉及历史与现实、国内和国外等诸多方面。① 有时候看上去很小的问题，如处理不当就会由此会引发冲突。最后是敏感性。城市少数民族民生问题往往和民族心理、民族感情、民族意识紧紧地联系在一起。

另一方面，现有的研究视角较多放在宏观层面，对我国特定区域，特别是少数民族区域存在的民生问题缺乏及时、有效、深入的调研和分析，对于我国不同地域之间（特别是城市少数民族地区与非少数民族地区之间、城市少数民族地区内部之间）涉及民生问题的横向比较研究基本空缺。有鉴于此，本书将从以下三方面展开进一步的理论研究。

（一）挖掘民生研究新视角

从全局视角，对"民生"的内涵和外延做更为切合实际、更为体系化和更为全面的分析。另外要明确一点，本研究不仅是为了呈现西部城市少数民族群体民生基本现状，还力求捕捉社会矛盾背后的社会情绪，凸显隐含在现状背后的人们的社会心态。这对于化解社会矛盾、增强国家的凝聚力、促进社会的健康良性发展具有重大的现实意义。本项目组在设计民生评价指标体系时，之所以特别加了"民生感知"部分，就是为了捕捉生活在城市的少数民族群体真实的生活情绪。

（二）加强民生问题的综合研究

在研究对象上，以往研究不是过分偏宏观，就是过分偏微观，较多定性分析而定量分析不足。本书在研究对象上宏观和微观并重，在分析

---

① 付蓓，韦怀远. 建国初期广西民族地区民生问题研究［J］. 湖北民族学院学报（哲社版），2013，（1）.

方式上定性和定量并重，用数字化和大数据来分析民生问题，使模糊抽象的民生问题具象化、图表化、数字化，客观真实、直观有效地描绘城市少数民族群体民生状况。

（三）加强民生对比研究

目前，针对东部城市少数民族群体的公共服务均等化、城市融入、市民化等研究较多，成果比较丰富。西部城市少数民族流动人口与东部相比还是比较少的，学术界关注度也不高。西部城市流动人口问题与东部城市流动人口问题既有共性，也有自己的独特性，加强东西部城市流动人口管理对比研究非常有必要。

第二节　相关概念的界定

一、城市少数民族

（一）城市少数民族内涵

城市少数民族，从字面理解就是指生活在城市中的少数民族群体。它作为我国民族工作专有词汇，最早可追溯到 1993 年 9 月正式颁布的《城市民族工作条例》。该条例是国家行政法规文件中第一次出现"城市少数民族"一词。

（二）城市少数民族的分类

从不同视角可以对"城市少数民族"进行不同的分类。在中国，每个城市都有自己的管辖范围，从地图上显示的行政建制来看，城市管辖面积较广，城市管辖区域分为实施城市化管理区域和非城市化管理区域（乡镇等区域）。因此，"城市少数民族"分为城市化管理区域内的少数民族和非城市化管理区域内的少数民族。本课题研究的城市少数民族特指城市化管理区域内的少数民族。从户籍来看，分为有本市户籍的少数民族和无本市户籍但生活在本市的少数民族（即流动人口或外来人员）。按其来源和迁入城市时间的长短来看，"城市少数民族"又可分为指1949年前就居住在城市的少数民族，即城市世居少数民族；1949年后迁入城市的户籍少数民族，即城市迁入少数民族；1978年后随着中国城市化进程进入城市的少数民族流动人口，即城市流动少数民族。

以下从城市世居少数民族、城市迁入少数民族、城市流动少数民族这一分类方式展开论述：

第一，城市世居少数民族（指1949年前就居住在城市的少数民族）。城市的世居少数民族主要来源于中国历史上建立过中原政权的几个少数民族。例如，蒙古族建立元朝，满族建立清朝。少数民族取得政权后，大批少数民族从边疆民族地区迁移到城市。除了蒙古族和满族，在隋唐时期大量来华经商的回回族因经商也大量进入城市。经过世代发展和繁衍生息，城市世居少数民族在城市中形成了相对稳定和集中的少数民族聚居区域。城市世居少数民族群体已经非常适应居住城市的社会、经济、文化环境，已与城市历史的发展融为一体，并具有经济生活的适应性、文化生活互融性和社会生活包容性三个主要特点。

第二，城市迁入少数民族（1949年以后迁入城市有户籍的少数民族）。按其来源渠道划分，又可以细分为以下三类。第一类是在党政机关、社会团体和企事业单位就职的少数民族工作人员。这个群体绝大多数拥护中国共产党的领导，受到中国共产党多年的培养，是国家统一、领土完整、民族团结的自觉维护者和中国特色社会主义事业的建设者，他们具有高度政治觉悟和较高的文化素养，是我党民族政策的积极宣传者和践行者。他们在城市工作稳定、经济条件较好，很适应城市生活环境。第二类是在科研机构就职的少数民族。这个群体以中青年为主，有良好的知识储备，自身利益诉求意识强，他们主动选择到城市工作，主动适应城市生活。第三类是由婚嫁、国家重点工程移民进入城市的少数民族。这个群体是根据国家相关政策，返城知青带回的少数民族配偶子女，支边建设落实政策后回城的少数民族配偶子女，以及少数民族青年娶嫁进城市的。

第三，城市流动少数民族（1978年后随着改革开放政策进入城市的少数民族流动人口）。

其一，为改善经济条件进城经商打工的群体。其中有一部分是有稳定工作的农民工，政府组织东部沿海企业点对点在乡村招收的农民工，他们不仅经济收入得到提高，而且工作中还学习了各种生存技能，返乡后成为带动一方发展的领头人。除东部沿海城市对口招收企业承包工外，还有一类从小生活在东部城市的新生代农民工群体，他们能熟练使用普通话，已经完全融入本地城市生活。

其二，进入城市就读高校的少数民族学生群体。新中国成立以来，党和政府十分重视对少数民族高级人才的培养，在北京、天津、武汉、重庆、成都、大连、广州、昆明、南宁等大中城市建立了十几所民族大学（学院），这些高校的少数民族在校生，成为城市里民族成分最多、人口最密集、文化程度相对较高的群体。从来源看，在校少数民族学生群体，大部分是来自西部少数民族贫困地区，城市环境与家乡状况的巨大反差容易导致学生产生心理失衡问题。同时，由于生长环境、风俗文化、生活习惯等环境差异容易导致学生行为上差异，这类学生容易与城市环境下成长起来的其他学生产生疏离感，与城市环境产生格格不入的陌生感。因而，对于这一群体，需要的不仅是物质上的帮助，更重要的是心理上的关怀。从长远来看，这一群体年轻有活力，民族意识浓，社会责任感强，是城市多元文化的重要组成部分，同时也是建设国家的栋梁之材。在边疆少数民族地区与内地地区经济社会的统筹发展和城乡一体化国家建设战略中，这一群体会影响未来我国西部民族关系的走向，对他们要立足长远，在生活、学习中给予关心和帮助，通过一系列的帮扶政策和措施，切实帮助他们解决实际困难。

其三，为加强东西部城市之间交流管理民族事务的经验，西部地区政府在东部城市建立各类办事机构，这些办事机构的工作人员大多是少数民族。此外还招收一些少数民族青年在东部城市设立的"民族村""民俗村"等旅游景点工作，专门进行民族风俗和民族歌舞的表演，由此进入城市发展，扎根立足在城市。

（三）从民生视角看城市少数民族群体

除了按来源和迁入城市时间的长短分类，还可以从少数民族群体在城市的生计和发展情况（主要是收入情况和社会地位），进行分类细化。

第一类，卓越群体。这一群体主要由少数民族社会精英组成，他们大都在各自领域颇有建树或者是领军人物，其身份和地位具有一定的社会影响力甚至国际影响力，比如担任所在单位的主要领导、人大代表、无党派人士、政协委员等，他们大多世居城市或从外地迁入城市，这在一定程度上得益于我国民族政策的贯彻实施，体现出我国民族关系的和谐发展。以他们作为典型和榜样进行大力宣传，有利于不断促进国内民族关系的和谐发展，并在国际上展示我国民族大团结的形象。

第二类，优势群体。优势群体主要由城市少数民族的中坚骨干和知识分子组成，有的是城市各级政府机关的领导干部，有的是国企中高级管理人员，有的是科教文卫等事业单位中的专家学者、学科带头人，有的是高校在校的少数民族学生。他们的共同特征有：年龄上是年富力强的中青年；大多数从乡村迁入城市；文化水平较高，大多数具有学士、硕士甚至博士以上学历，思维活跃、奋发向上、知识结构深厚；社交圈子上一方面与本民族聚集地区高度紧密联系，一方面又是联结社会上层和下层的纽带，是民族关系稳定和谐的"助推器"。城市民族工作要强化对这一类城市流动少数民族群体的引导、联系和激发，充分发挥出他们的中坚力量。

第三类，弱势群体。首先这一分类方式与他们是否是城市户籍无关，城市户籍人口和流动人口都有可能被划分为困难少数民族群体，具体包括以下几种类型。第一类，少数民族下岗员工。伴随着我国社会经济向现代化转型，一部分国有企业在市场经济体制转轨过程中被淘汰，破产企业职工成为下岗失业人员。在市场机制下，部分员工难以实现再就业，这些失业人员无奈成为城市新生困难群体，在这一群体中少数民族占一定比例。第二类，因婚嫁进城的少数民族群体。这一群体以妇女居多，她们大多来自边疆少数民族贫困地区。第三类，城市流动少数民族中的各类困难人群。

综上所述，城市少数民族在生存状态、利益诉求和组成结构等方面都呈多样化趋势，城市管理工作要注意在不同场域中，需根据不同群体的具体状况进行分类指导。

二、民生

要准确把握"民生"含义，有必要先厘清"民"和"生"的最初含义。首先必须准确把握"民"的字义。从古至今，"民"字代表不同的群体。1962 年，我国著名文学家、考古学家郭沫若先生在其著作《甲骨文字研究》中专门对"民"字进行了考究。他观察刻在青铜器上的甲骨文"民"字写法，都是呈尖利物刺之形状，由此推断远古"民"字是与"奴隶"群体有关，也泛指无官位的富有者、平常百姓。我国第一部分析汉字字形、字源的字书《说文解字》记载，"民，众萌也。""众萌"是指各种草木发的芽。古代把"民"俗称"草民"，意思指普通老百姓就像广袤无垠的草芥一般低微，被高高在上的统治者"君"统治。在今天，"民"即"百姓"，是指相对于领导阶层的大众群众。在中文词义里，"公民"和"人民"外延不同，"公民"的外延比"人民"宽泛，"人民"在"公民"范围里，但是"公民"不一定是"人民"。"人民"是相对于"敌人"而言的，属于政治概念范畴，不论你是什么阶级、阶层和社会集团，只要你爱国爱社会主义都是"人民"。而作为法律概念的"公民"，涵盖的范围就比较宽泛，指具有自然属性的人，既包括全体人民，也包括罪犯。本课题研究的"民"，是指全体国民。

前面解析了"民生"中"民"的字义，民生中"生"的字义相对来说就比较容易理解。民生的"生"即指生长、生活之意，其甲骨文字形是从土中长出草来的形状，预示万物生长、勃勃生机。总而言之，民众包括全体国民，民众的生活就是我们通常所说的"民生"，它涵盖政治、经济、文化、社会和生态等等方面。民生的特点可概括为三点：地域性、动态性和宽泛性。社会上媒体报道经常用到"民声"一词，泛指民众发出的声音，特指人民对生活的要求和愿望。

（一）民生问题

前面厘清了"民""民生"概念，但对于什么是民生问题，社会上大多数人都说不清，普遍认为解决不了的生活难题都可以归为民生问题，这种说法太宽泛，在实际工作中不易把握。我们从狭义上看民生问题，是指老百姓日常生活遇到的难事，凭自己又无力解决的矛盾与困难，表现为"幼、学、劳、病、老、居"等具体事情。让老百姓过上幸福生活，是我们党解决民生问题的初心与动力，只有每一个百姓普惠享受到改革成果，达到利益分配公平，民生问题才能够得到有效解决。本课题是从狭义层次剖析西部城市少数民族民生问题。

（二）民生发展

民生发展，顾名思义，就是指在维持最基本生存条件基础上，能够逐步促进"人的全面发展"，获得更好生活。民生发展可以分为最基本生存保障、有尊严和生活自由三个层面，即基本生存需要、维持有尊严的生活和达到生活的和谐。

能够维持最基本生存条件是民生的最低层次。人要活下来都离不开维持生存的最基本条件，比如获得食物、有房屋居住、安全健康和接受最起码的教育，党的十九大报告把它概括为"七有"，即"幼、弱、教、业、医、房、老"。要满足这些生存的最基本条件，就必须增加就业机会，减少收入不平等和不断消灭贫困。当"七有"中任何一项得不到满足或严重匮乏时，民生问题就出现了，这一层次民生问题在人类漫长历史中持续存在。维持有尊严的生活，是民生发展第二层次的需求。尊严是指人格被尊重、权利得保障。有尊严的生活，是指人每天不在为如何获得基本生存物质而苦苦挣扎，生活富裕之后开始追求精神世界的充实，这是需求层次的提升。在物质条件得不到有效供给的时候，为了生存人会不择手段获取财物，现实生存的残酷完全逼退人对道德、精神的追求。达到生活自由是民生孜孜追求的目标。自由，主要是指人能较大程度地决定自己的命运，它已摆脱了贫困、无知和卑贱的困扰，从物质生活条件桎梏中解放出来。自由意味着自己可以选择喜欢的生活方式，受外界限制的概率小。民生发展的最高境界是人与自然和谐共生，天下大同。总之，民生发展的三个层次是依次递进，互为基础的。在人的基本生存都无法保障的情况下谈尊严，是一种奢望与虚妄。只有满足了人的基本生存需求，人们才会关注尊重需求，关注自己的尊严是否受到外界伤害。行走在现实社会中，学会在保持别人尊严的基础上去关怀别人，是对人性最大的考验。

民生发展经常和民生满意度相联系。民生发展有两个维度，一是民生现状水平，二是民生改进的程度。民生满意度主要是测评居民个体和群体对自身生活和周边民生状况的感受、评价和预期，它是衡量人们生活质量的重要参数。党的十九大以来，我国经济发展方式发生根本性转变，坚定不移地终结传统粗放型发展的老路，全方位深化改革，加快转换经济结构，创新发展理念，注重发展质量，努力适应经济新常态。评价经济社会发展的指标，由注重数量和速度转变为注重质量和效益，着力构建结构优、可持续、环保低碳和科技创新的新型综合评价体系，最终以民生水平的提高幅度、民生状况的改善程度作为深化改革、转变发展方式为检验标准。为此，民生发展被提升到前所未有的高度，持续推进民生进步成为各级地方政府工作的重要任务。目前，国家已经出台的一系列政策措施，其广度和深度前所未有，政策实施的力度前所未有，广大民众获得的实惠前所未有。这主要表现在：一方面，广大民众特别是低收入群体的收入水平显著提高，城乡居民之间的收入与消费水平差距进一步缩小。另一方面，供给侧结构性改革为医疗、教育、环保、健身休闲等产业发展带来新的发展机遇，必将有力地促进全民生活消费水平和消费结构的提升。特别需要指出的是近几年在经济增长速度下滑，国家和地方政府财力增幅下降的情况下，我国社会保障资金的投入非但未受影响，反而呈现增长的势头。经济增长成果实实在在惠及民生，切实体现了我国经济社会发展的宗旨，完全有理由得出基本的判断，中国的民生事业正进入大踏步前进的新时期。

第三节 研究内容、方法和意义

一、研究内容

（一）本课题的研究对象

以西部十二个省（市、区）省会城市少数民族群体为研究对象，以国家权威机关发布的经济社会发展年报及统计年鉴为基础资料，在全国31个省会城市进行电话调研，选择西部四城市（西南地区的南宁市和拉萨市，西北地区的兰州市和乌鲁木齐市）展开入户问卷调查作为数据来源，建立西部城市少数民族民生测评体系。测评体系兼顾客观指标和主观指标两个方面。既从宏观的视角考虑政府在西部城市少数民族群体民生治理水平（例如："居民生活""公共服务""公共安全"和"生态文明"等），又从微观的视角探寻民生问题背后的社会心态，捕捉社会矛盾背后的社会情绪，透析"有形"民生问题背后的"无形"民意感知。测评体系把模糊抽象的民生问题数字化，使西部城市少数民族民生状况真实、直观，以利于破解西部城市少数民族民生问题。

（二）总体框架

本书内容共6章。

第1章绪论。作为全书的理论基础和研究的起点，首先界定"城市少数民族"的含义与分类，厘清民生、民生问题和民生发展等相关概念。其次，追踪国内外民生问题研究和应用，特别是对民生评价指数研究做一下梳理。

第2章民生理论基础。介绍国内外相关民生理念和中共历代领导集体对民生问题的理论探索，论述新时代党对民族地区民生问题理论阐述。

第3章西部城市少数民族民生调研概述。介绍民生调研设计、问卷内容和样本基本情况。按照民生测评体系，直观描述西部12市测评指标在全国区间排位，并进行西部城市之间测评指标的差异对比。

第4章西部城市少数民族客观民生问题分析。通过构建树权型层级关系，将抽象指标逐层分解细化，形成三个层级测评体系，从"居民生活""公共服务""公共安全"和"生态文明"四个角度逐层分解测试调研问卷。

第5章西部城市少数民族主观民生问题。一级指标2个，下设3个二级指标，再设6个三级指标，主要从"幸福感"和"信心度"两个角度逐层分解测试调研问卷。

第6章加快西部城市少数民族民生发展的对策与建议，体例安排是也按照测评体系五个一级指标内容对应展开。

（三）重点难点

研究重点：建立西部城市少数民族民生测评体系（客观、主观指标）。研究难点：如何让测评指标设置有代表性，更贴近西部城市少数民族居民的最基本状况，更容易为民众所接受。能够反映民生状况的指标很多，涉及面也很庞杂，不可能全部收录，所以在指标的选择上一定要精炼、有代表性，选取最能够直接反映民生的指标。

（四）主要目标

1. 构建西部城市少数民族民生测评体系。通过对全国 31 个省会城市电话调研（从宏观上摸清西部十二个省会城市少数民族群体在全国的大致民生排位），对西部四城市入户问卷调查（从中观层面进行西部城市对比）。为改善西部城市少数民族群体民生问题，国家出台了许多对口扶持政策，投入大量资金帮扶，西部各城市政府也大力实施少数民族民生建设工程，具体效果如何？课题组用调研数据进行验证，以期为西部城市少数民族民生发展提供借鉴或样本。

2. 论证利用民生测评体系作为考核地方政府解决城市少数民族民生问题政绩的科学性，对推动民生测评体系构建以及应用，提出政策建议。

二、研究方法

（一）定性分析与定量分析

建构一套完全由一手数据组成的、客观指标与主观指标相结合的西部城市少数民族民生测评体系。（具体测评指标见第 3 章内容）

（二）问卷调查法

通过封闭式自填问卷收集资料，描述西部城市少数民族民生现状。问卷调查分别在西部四个城市的城区进行，力求使调查更具有针对性和科学性。

（三）加强地区内外对比研究

通过对全国 31 个省会城市电话调研，从宏观上摸清西部 12 个省会城市在全国的大致民生排位与差距。对南宁市、拉萨市、兰州市、乌鲁木齐市四城市入户问卷调查，用大量翔实的统计数据客观还原西部城市少数民族民生本来面貌，从中观层面进行西部城市民生对比研究。

三、研究意义

（一）学术价值

近十几年来我国政府出台了颇多关于少数民族民生问题的政策与文件，理论界对此问题也进行了研究，但鲜有把"西部城市少数民族民生问题"单列出来做专门研究。从学科层面来讲，"西部城市少数民族民生问题"关涉到人的生存状态、生存质量与意义，存在着民生指标量化统计分析的必要。因而，对西部城市少数民族民生问题的调查与研究，没有伦理学价值的考量是缺乏人文生命的，不运用统计学方法把模糊抽象民生数字量化评估同样是不可想象的。项目无论是对民族理论的充实，还是对伦理学、统计学、人口学的拓展和丰富都是大有裨益的。

（二）应用价值

少数民族民生问题是当前我国最大的民族问题，对此特别加以重视，有助于促进社会的公平与稳定。解决少数民族民生问题，虽然不一定能根除我国的贫富差距，但无疑能起到不可低估的遏止作用。城市少数民族民生问题是我国城市民族工作的核心问题。只有地方政府充分领会中央民族工作会议精神，做好保障少数民族权益的各种政策设计，才能在实践中更好的接纳少数民族，少数民族才能真正轻装融入城市，城市民族工作才有未来。本课题以西部城市为切入点，紧紧扣住西部城市少数民族众多、民族特点鲜明的实际，强调通过调研客观公正地评价西部城市少数民族民生现状，在此基础上提出解决问题的思路，为加强和创新西部城市管理体制，巩固和发展社会主义新型民族关系提供理论和实践支持。

第四节　研究思路

一、基本思路

首先，文献纵览，进一步辨别研究领域的前沿，充分总结国内外已有研究成果的理论和方法，并由此构建本课题研究的理论分析框架和研究方法体系。其次，在把握民生问题的内涵和特征的基础上，构建我国西部城市少数民族民生量化测评体系。力求做到定量和定性分析、历史现状和未来发展相统一，运用多元统计方法对收集的数据统计资料进行计算分析，从而得到民生量化数据，并以此数据进行各层次比较分析，评价当前西部城市少数民族民生发展水平，肯定取得的成绩，正视存在的不足，进而给出一些看法和相应对策建议。再次，按照内容设计全面展开研究，形成课题研究成果。最后。邀请各方面专家学者以及西部地区政府部门领导对研究成果进行讨论和分析，使课题的研究结果更客观、更具科学性，提出的对策建议更贴近城市少数民族群体实际，更具可操作性。

二、民生测评思路框架

西部城市少数民族民生测评分民生客观指标和民生主观指标两大类。民生客观指标有 4 个一级指标：居民生活、公共服务、公共安全和生态文明。下设 16 个二级指标，再设 39 个三级指标。民生主观指标有 2 个一级指标：幸福感和信心度。下设 3 个二级指标，再设 6 个三级指标。（详见图 1 – 3 西部城市少数民族测评思路）

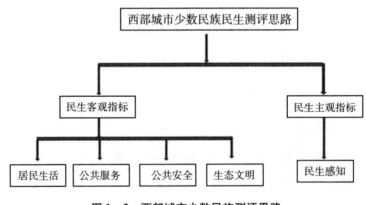

图 1 – 3　西部城市少数民族测评思路

第五节 研究创新

一、西部城市少数民族民生测评体系

研究西部城市少数民族民生问题，需要把定性分析和定量分析结合起来，用真实数据支撑观点。课题组通过电话调研和入户问卷调查方式，建立一套一手资料的民生测评体系，获得民生发展最直观数据，把模糊抽象的民生问题数字化，直观描述生活在西部城市的少数民族群体民生状况，以利于破解西部城市少数民族民生难题。

二、研究视角多样性

测评体系既从宏观的视角考虑政府在西部城市少数民族群体民生治理水平（例如：居民生活、公共服务、公共安全和生态文明等），又从微观的视角探寻民生问题背后的社会心态，捕捉社会矛盾背后的社会情绪，透析"有形问题"背后的"无形问题"，有利于促进社会和谐发展。宏大的民生问题研究触及社会心态这样微观细腻视角，是民生研究的一个有益尝试。

三、注重对比研究

我国幅员辽阔、气候和自然环境多样，由于自然环境和历史发展等差异，不同地域之间经济社会发展状况悬殊，所面临的民生问题的客观现状、难题及对策可能会千差万别，需要因地制宜。西部城市少数民族的民生问题应当放在全国大背景下进行考察和研究，既注重西部地区城市与东南沿海地区城市的比较，又重视西部地区内部各城市之间特别是发达地区和落后地区的比较，通过横向研究，为西部城市更好解决少数民族民生问题提出参考意见。

第二章　民族地区民生问题的理论基础

民生问题,简单地说,就是老百姓在生活和生计上,因资源配置不均衡出现的一系列以自身力量无法独自解决的问题。它不是在当今时代才出现的,也不是中国独有的,而是全球范围内自建立国家政权以来所有执政者都无法逃避的重大问题,涉及国之根本。从古代封建王朝到现代民主政府,数千年漫长的中西方文明发展历上集聚和迭代出了丰富的民生思想。

民生思想的理论基础有四大来源:第一,西方社会中与民生有关的思潮;第二,中国传统文化之中源远流长着的民生思想;第三,中国共产党对民生问题的艰难探索及勇敢创新;第四,新时代党对民族地区民生问题的理论阐述。

第一节　西方社会中与民生有关的思想

综观世界历史,各国的兴衰成败逃不出这样一个规律:一个政党或者一个统治阶级,如果不重视百姓的基本民生需求,不围绕能给百姓带来关乎基本生存和发展的切实利益来施政，都不可能获得百姓的爱戴和拥护，最终都会走向百姓的对立面，并逐步走向衰落，从而被百姓或者敌对势力所瓦解；凡是关注百姓的民生需求，以"民贵君轻"思想实施仁政的政权，比如中国古代的"文景之治""开元盛世"，西方的"伊丽莎白时期"都在世界历史上书写下光辉灿烂的一页。

20世纪80—90年代，世界各国的一些具有传统优势的党派，逐渐失去了执政地位，成为在野党，甚至退出历史舞台，其原因虽然是多方面且错综复杂的，但其中一个重要原因就是脱离了人民群众，罔顾人民在民生方面的根本利益，导致人民群众从支持变为反对。印度国大党、墨西哥革命制度党的垮台无不与其不重视民生问题有关。

与此同时，新加坡、韩国等为代表的亚洲新兴的工业国逐渐强大起来，他们无一不是在高度重视国内民生问题的基础上前行的；那几个北欧高福利国家，实质上就是"民生型国家"，他们以社会保障体系为主要内容的保障民生模式经历了长达数百年的发展，无论在其理念的确立还是在其制度安排方面都有可供我们学习借鉴的地方。

一、古典经济学中的民生理念

17世纪中叶，随着英国爆发资产阶级革命，资本主义生产方式在欧洲大陆盛行开来，资产阶级通过革命和殖民主义快速地扩大生产、积累财富，造就了古典经济学在欧洲兴起的土壤。古典经济学设立的最初目的就是为了维护英国的金融地位，为英国从世界各殖民地攫取最大利益和夺取世界霸权寻求理论根据。

西方古典经济学的先驱是英国古典政治经济学之父威廉·配第（1623—1687），他在民生理念上的贡献在于最早提出劳动决定价值的学说，他主张集中无业游民兴建公共设施，可以说是民生公共基础设施的先驱倡导者。法国重农派代表人物布阿吉尔贝尔（1646—1714），他深切同情农民艰难的处境，提出农业是国家的根本，是国家财富的最重要源泉，即农业是国家命脉和经济支柱；他认为流通不能创造财富，指出重商主义者将会造成法国经济的衰败甚至崩溃。17 世纪中后期，农业人口占社会总劳动力的绝大多数（以英国为例约占总劳动力的 80%）且大多是社会底层，俗话说"民以食为天"，农业是最重要的民生产业，重视和解决农民问题很大程度上就是在解决民生问题。

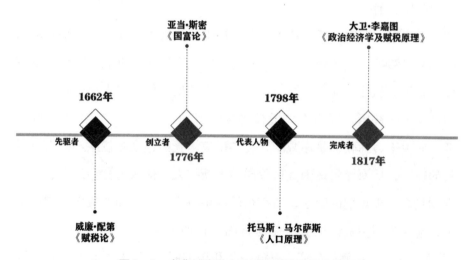

图 2-1 古典经济学中的民生理念发展脉络图

英国古典经济学的创立者亚当·斯密（1723—1790），反对重商主义和国家政权干预经济生活，提出以公私利益协调论为支柱的古典自由竞争（市场竞争）理论，主张让市场这只"看不见的手"发挥调控作用。《国富论》所说的国民财富主要指的是国民生活所消耗的一切必需品和便利品，可见在当时历史环境下，劳动所创造的国民财富主要就是民生用品，亚当·斯密主张通过市场来调控民生用品的供应和需求。亚当·斯密的社会福利思想建立在其整体幸福观的基础之上，其内容集中体现在：反对普遍的社会救济，支持必要的政府干预；提倡实施面向大众的基础教育；关心劳动者的福利，主张建立最低工资标准，同时提出初步的职业病保护理念，以改善劳动者的生活和工作状况；主张"业务的难易、污洁、尊卑，业务学习的难易与学费多少，业务安定与否以及需要负担的责任大小，获得职业资格可能性，劳动所需特殊才能与社会认可状况"这五种因素共同决定了劳动的真实价格，而衡量劳动报酬多少要以真实价格为基础；鼓励发展民间慈善，通过税收来平衡社会不同阶层的消费。

继亚当·斯密之后，英国古典经济学的代表人物托马斯·马尔萨斯（1766—1834），其著作为《人口原理》，他反对政府和富裕阶级救济贫民，其民生和社会福利观念与亚当·斯密相反。他主张人口增长注定会使社会走向贫困，因为人口增长将导致劳动力供大于求，工人工资降低，而由于边际收益是递减的，食物供应增长的速度必然跟不上人口增长的速度，从而导致贫困人口阶层的不断扩大。他认为社会改良、增加福利只能解决短期的问题，所获得的成果将为人口增加的负面影响所抵消；他认为消除贫困的方法是对贫困人口的增殖实行"积极抑制"和"道德抑制"，战争、灾荒、瘟疫是"积极抑制"，让无力赡养子女的人不要结婚生子是"道德抑制"。他认为现行济贫法的弊端是：济贫法实行的贫困救济（福利费用）会使人口趋于增长，而食物增加却跟不上人口增长的步伐；济贫院救济的人通常而言并不是最有价值的社会成员；济贫法还阻碍了人们自立精神的发挥；助长了一些人的浪费行为；影响了民众的自由。但马尔萨斯并不是完全反对救济贫民，我们要在历史大背景下来理解他的理论的现实意义，他反对的根本原因是因为当时的济贫制度本身存在各种各样的问题，这些问题执行下去本身会与济贫的目标背道而驰，即反而产生更多的贫困，他主张实施更缓和的救助政策，提醒我们避免解决一个问题将导致新的问题的怪圈，对制定和完善社会救助政策具有积极的借鉴意义，例如我国施行的计划生育政策就是一种对人口增长的"道德抑制"。

大卫·李嘉图（1772—1823）是古典经济学的杰出完成者，他在继承亚当·斯密的经济自由主义和劳动分工理论的基础上，将理论与社会现实问题紧密地结合起来，将经济学研究的理论范围拓展到收入和分配的领域，推动古典政治经济理论上升到了一个新的阶段。李嘉图在经济学领域的代表作是 1817 年完成的《政治经济学及赋税原理》，李嘉图站在伟人（亚当·斯密）的肩膀上，达到资产阶级和时代局限内所能达到的理论高峰，扩展了古典经济学发展的新方向。李嘉图与其挚友马尔萨斯有两人在经济学领域几乎每个观点都意见相左，李嘉图关于《谷物法》、经济周期、价值理论、地租理论等理论，马尔萨斯均予以反驳，在十几年的持续辩论后，两人仍然保持各自的观点，尽管学术观点相左，两人的友谊基于对真理和科学的共同信用，传为一代佳话。

古典经济学派关注的是整个国家的经济问题，他们强调个人利益和社会利益要保持和谐一致，并不断告诫世人，国家事务比个人事务更重要，个人的利益应当让位于国家利益。

二、空想社会主义民生思想

空想社会主义思想产生于 16 世纪，终结于 19 世纪三、四十年代，主要经过了早期空想社会主义（16 世纪至 17 世纪）、空想平均共产主义（18 世纪中叶）和批判的空想社会主义（19 世纪初）三大发展阶段。

空想社会主义思想要追溯到古希腊柏拉图的经典著作《理想国》，1516 年英国人托马斯·莫尔（1478—1535）出版的《乌托邦》一书标志着空想社会主义出现，该书是莫尔周游英国后创作的一本游记，托马斯·莫尔被誉为空想社会主义第一奠基人。在16、17世纪，托马斯·莫尔、托马斯·闵采尔（1489—1525）、托马斯·康帕内拉（1568—1639）、康柏内拉（1569—1638）等一批人文思想家把自己的政治观点融入游记和小说中，将一个个生动有趣的故事付诸笔端，隐喻社会现实，深刻地批判了当时欧洲社会的不公和资本主义的剥削方式。比如莫尔在《乌托邦》一书中他大胆地把英国资本主义原始积累方式即"圈地运动"形象比喻为"羊吃人"，形象概括了当时英国社会状况。此外，他还主张私有制是万恶之源，只有废除私有制，建立公有制，财富才可以得到公平的分配，百姓才能获得应得的福利。他还向人们描绘出未来社会的美好情景，一个无剥削无压迫，人人自由美好的社会，早期空想社会主义思潮由此成型。由于时代背景和经济政治发展条件的制约，早期空想社会主义者对未来理想社会制度的设计只是一场理想实验，是以手工工场为原型的理想实验。托马斯所描绘的乌托邦就是一个实行公有制的大家庭，财产归全民所有，公共设施和医疗服务全部免费提供给所有公民，人民道德高尚互帮互助，热心公共事业，把卫生健康事业当作头等大事来抓。莫尔还提出了社会主义的基本原则，即人人劳动、按需分配和公有制等，但只是一个模糊的轮廓。意大利人康柏内拉于1602年出版的《太阳城》被誉为空想社会主义的基石，在"太阳城里"，财产公有，法律严明、人人平等、人人积极参与劳动且共享劳动成果。他将私有制和利己主义联系起来，论证了私有制是利己主义的根源和物质基础。

18世纪中叶启蒙运动时期，法国一些出身平民的启蒙思想家开始通过撰写阐述社会主义的思想的专门理论著述和法律法典，将早期空想社会主义理论进行理论探讨和论证，形成空想平均共产主义学派，代表人物是摩莱里、马布利和巴贝夫。摩莱里（1720—1780）代表作是《自然法典》，马布利（1709—1785）代表作是《论公民的权利和义务》《论法制和法律的原则》。摩莱里和马布利已经开始主张摆脱纯粹虚构的幻想，初步面对社会现实，对人类社会发展规律、资本主义私有制的揭露和批判已经接近历史的实际；试图把他们自己心中的理想社会法律化；以手工工场和农村公社为原型，设计出未来理想社会的蓝图，建立社会主义制度。巴贝夫（1796—1797）是继摩莱里、马布利之后较为著名的空想共产主义理论家。巴贝夫的思想主要集中体现在他的著作《在高等法院的终审辩护词》《平民宣言》中，设想建立财货由全民共同持有的"共产主义公社"。他提出了阶级分析法，阶级分析法是解剖资本主义社会矛盾的最佳方法，他还提出必须依靠人民专政来巩固新政权，这一系列主张极大丰富了空想社会主义思想宝库。

19世纪初期，随着欧洲三大革命中无产阶级作为一支重要力量登上历史舞台，空想社会主义在西欧国家流行开来，由批判空想社会主义学派达到顶峰，空想社会三大代表人物克劳德·昂利·圣西门（1760—1825）、夏尔·傅立叶（1772—1837）和罗伯特·欧文（1771—1858）都是这一阶段的代表人物。圣西门出生在巴黎的一个贵族家庭，在法国大革命初期因为反对封建制度积极投身革命，成为贵族家庭中的叛逆者，当建立起资本主义制度后他又高举发对资本主义的大旗。他揭露和抨击社会现实的丑陋，把资本主义社会喻为一个"黑白颠倒"的罪恶世界，立志设计出"一套新的社会制度"取而代之并作为其毕生奋斗的使命。他广泛考察法国各个地方，重视鼓励"实业"的政策，认为大力发展生产实体商品的实业是消除社会贫困，满足人们生活基本需要，实行按劳分配制度的基础，顽强地坚持着自己改造资本主义社会的崇高理想。夏尔·傅立叶（1772—1837）出生与商人家庭，具有丰富的经商实践经验，对资本主义制度有极其深刻的认识，人物资本主义就是奴隶制的复活。他著有《新世界》《四种运动论》以及《全世界和谐》，他反对革命，不主张废除私有制，主张用温和改良的方式来逐步改造社会，用所谓的"和谐制度"来改良和逐步替换资本主义制度，并寄希望于富人对穷人的慷慨解囊，这些都具有历史的局限性。罗伯特·欧文（1771—1858）被誉为人事管理之父，出生在一个英国手工作坊家庭，年轻时候从学徒做起一直做到经理。欧文在苏格兰自己经营的几家纺织工厂中不断实验其政治经济学主张，结合其空前的实验发表了《关于新拉纳克工厂的报告》《论工业制度的影响》等文章，其思想引起欧洲社会的普遍关注。欧文摒弃把工人当作劳动工具的做法，主张改善劳动环境，推行员工福利，例如缩短和限制劳动时间，不雇佣低龄童工，为员工提供工作餐，按生产成本向员工出售必需品等等。欧文主张劳动人民应当从小受到良好的教育，主张建立一种国家教育制度，同时也是历史上第一个创建学前教育机构（幼儿园）的教育家和实践者。

批判的空想社会主义蕴含着科学社会主义的萌芽以及诸多民生理念。其反对资本主义剥削，追求社会公平和正义，主张工人工资应符合劳动创造的实际价值。他们通过研究分析客观的经济规律来推导政治改革方向，直接把斗争焦点对准资本主义制度，指出资本主义制度是维护少数富人利益，并用来掠夺穷人的制度，其本质是剥削即富人通过掠夺穷人来发财致富。反映了当时被压迫阶级强烈要求改变社会黑暗，建立一个高度物质文明和精神文明的新世界的美好愿景。他们强调组织的科学管理，追求社会的充实性和有序性；以大工厂为原型来进行未来社会设计，完全抛弃了平均主义和禁欲主义；以天才的洞见和超越时代的理念，不仅给人以美好激励，也为马克思、恩格斯科学揭示社会主义本质提供了有价值的启示，成为科学社会主义理论体系的重要渊源。但是，空想社会主义者并不能真正揭示出资本主义的根本矛盾和社会发展规律，不懂得无产阶级开展阶级斗争的重要性，认识不到无产阶级的历史使命是推翻封建主义统治，也认识不到无产阶级革命的根本任务是实现社会主义和共产主义，所以他们所描绘的美好新世界蓝图终究成为梦幻泡影。

三、现代西方国家的社会保障体制

现代西方国家社会保障制度，是西方现代工业化国家普遍实行的一项重要的经济社会制度。它与以往的慈善活动、个人保险行为不同，完全是依靠政府主导，有国家机器的强制力保障，以法制和行政监督制度作为有效支撑，国家向需要帮助的个人或家庭提供一定的或现金援助，以防止社会贫富悬殊，即富者越富、穷者越穷的一种制度。社会保障制度由社会保险、社会救助和社会福利三大制度组成，涉及失业、工伤、医疗、低收入群体保障和养老等方面。

现代西方社会保障制度最早出现在德国，19世纪50年代初，德国开始了工业化进程，德国成为继英国之后的欧洲又一个工业化国家。统一后的德国现代化工业迅猛发展，但工业经济的快速增长，并未提高公众的生活水平，产业工人挣扎在死亡线上。全社会成员贫富差距不断加大，导致严重的阶级对立，贫富之悬殊已经危及整个社会稳定。为此，德国当局采取了"国家干预、国家资助"的改革政策，平抑人民对日益严重的社会问题的不满。铁血宰相俾斯麦颁布了三项著名的社会保险法令，首创现代国家社会保险制度，该制度在一定程度上满足了公众对社会公平公正的诉求。其中的医疗保险制度最得民心。德意志帝国实行社会保险体制并不能立刻解决所有社会民生问题，而是经过了30多年的适应、调整和细化，逐渐完善起来的。1927 年，失业保险法出台。1995 年，补充了护理保险。从社会经济发展的总体趋势看，德国的社会福利程度通过一系列措施逐步提高。进入 21 世纪，德国联邦政府为了适应全球化的挑战，对养老和医疗卫生体制不断进行调整，最终建立起了社会保险体系，政府在体系中起着监督的作用，极大地保障了社会公正。

经过 100 多年的发展，现代西方国家社会保障制度形成了多种运行模式，主要有三类。第一种是"社会共济型"模式（比如：德国、法国），是雇主、雇员共同缴费形成保险专项基金，国家给予免税或补贴；第二种是"国家保障型"模式（比如：英国、北欧），国家为全民提供保险，资金来源于国家税收，不用个人缴任何费用。第三种是"强制性储蓄积累型"模式（比如：新加坡），政府强制要求个人建立专用储蓄账户，以备生病、年老等不时之需。目前，多数国家社会保障制度已不仅仅局限于单一模式，而是以一种模式为主、多种模式为辅的混合模式。西方各国建立社会保障制度的时间、方式、范围和水平不同，没有绝对地"好坏"或"高低"之分，大都是按照自己的国情特点建立的。

四、马克思民生思想

1848 年，马克思主义诞生之初，即饱含着浓厚的民生情怀，主要体现在人的全面发展、人的生活、人的利益与人的幸福四个方面。

第一，人的全面发展。马克思特别关注人的全面发展问题，他们批判吸收各流派的合理思想，运用唯物史观对人与世界的关系进行了探讨，正确认识人的本质，充分认识人民群众对社会历史的推动作用，重视人的全面可持续发展。马克思指出人们只有解决了基本生存问题，衣食无忧之后，才会从事政治、宗教和哲学等研究，才能争取统治。一部人类社会发展史，就是一部不断改善民生，不断满足人的需要的历史。人民群众是指对社会历史发展起推动作用的大多数人，其作用可概况为三方面：一是人民群众是推动社会发展的主体，是历史的创造者；二是人民群众是社会变革和不断向前发展的决定力量；三是人民群众是历史的享有者。总之，只有人民，才是历史的主人，关注人民就是关注历史，这也是马克思恩格斯重视民生的一个重要原因。人的全面而自由的发展理论，既体现了马克思关于未来社会发展的科学思想，也体现了马克思始终坚持以人为主体的价值观，代表着马克思崇高的民本价值思想。《共产党宣言》发表后，马克思继续探讨人的发展问题。马克思认为人的发展与社会发展是辩证统一的，人的发展是以社会发展为基础，人获得解放和自由全面发展的程度与社会发展进步水平紧密相关，并且人只有到了共产主义阶段才能实现自由全面的发展，共产主义社会是实现人的自由全面发展最理想最完善的社会形态。马克思民生思想是从现实出发，指向人的社会实践和现实生活，强调要通过科学实践来充分发挥人的主观能动性和创造性，促进人自由、健康和全面发展，实现人类解放，这是民生发展的最高标准和理想境界，是人类民生思想发展史上的一次历史性的飞跃。

第二，关注人的生活。生活，就是指人为了生存发展而进行的各项活动，它是人所有日常经历和日常活动的总和。对人们的生活、特别是对贫苦人现实生活的关注与重视，是马克思民生思想的现实基础。马克思在《莱茵报》担任主编期间，广泛接触社会贫民，主动为贫困农民进行辩论，参与辩论是为了维护贫民的基本生存安全。马克思把人及其生活作为自己理论的重要基石。他在《德意志意识形态》中，指出人只有先活着，才能创造历史。但为了生存，就需要获得维持生命存在的基本物质。所以，人类第一个历史活动就是要进行生产活动，生产出维系生存所需要的生活资料。马克思还认为只有通过人类的物质生活资料的生产，而且是连续不断地生产，才能满足人发展的基本需要。强调一切物质生产的最终目的都是为了人的生存和生活得更美好。

第三，关心人的利益。利益问题，是马克思主义理论研究的核心问题，马克思恩格斯关心绝大多数人的根本利益。马克思大学毕业之后，就开始参与现实斗争，积极关注现实问题。他在《莱茵报》当编辑时，就坚定地站在贫苦大众一边，批判统治者的特权，捍卫广大农民的普遍利益，成为被压迫阶层的代言人。马克思对利益问题的理论探索，并不是一蹴而就的。他通过广泛的社会调查，了解现实社会，才认识到物质利益问题的重要性，把研究方向转向社会经济，从而最终走上了唯物史观的道路。马克思指出，人一生努力奋斗所追求的东西，都同"利益"二字无法分割，利益是历史发展的真正驱动力，他并在《共产党宣言》中明确宣告："无产阶级的运动是绝大多数人的，为绝大多数人谋利益的独立运动。"

第四，关爱人的幸福。实现人类的普遍幸福是马克思一生追求的目标之一。马克思的一生，可以说就是为实现人类的普遍幸福而奋斗的一生，他在中学时代就非常关注人的幸福问题，在青年时代马克思对贫困阶层十分同情，为此他立志"解放全人类"。马克思在谈到宗教问题时，指出宗教对民生的关切是虚幻的，强调废除宗教虚幻幸福，鼓励追求今生现实的幸福。指出消灭私有制、实行社会主义制度是实现人类普遍幸福的必由之路。与此同时，恩格斯也高度关注工人阶级的普遍幸福。

总之，马克思民生思想形成和发展的逻辑起点是科学认识了人的本质，其核心内容是人的全面发展问题，照亮了社会主义民生思想前进的方向，为社会主义民生思想的发展壮大奠定了坚实的理论基础。

五、列宁民生思想

列宁是伟大的马克思主义者，他把马克思主义同俄国的革命和建设实际相结合，形成了有俄国特色的列宁主义理论。在列宁的著作中，虽然没有明确提出"民生"一词，却出处饱含着民生思想。无论在苏联革命还是建设时期，列宁都高度重视人民群众，充分认识人民群众的地位与作用，并在具体实践中采取切实措施关注民生和改善民生，从而带领苏联人民取得了社会主义革命和建设的伟大胜利。列宁的民生思想不仅在苏联社会主义的革命、建设和发展中发挥了重要作用，同时也对中国共产党民生理论的形成与发展产生直接影响。列宁的民生思想主要包括以下两方面内容。

第一，在思想上高度重视人民群众。追溯到1905年俄国革命时期，列宁就已经充分认识到人民群众在社会主义革命中的重要作用。他提出无产阶级政党如果能做到密切联系群众，关心群众的现实生活状况，就一定能赢得民心。列宁经常告诫党员干部，脱离群众是无产阶级事业"最可怕最严重的危险之一"。对于制定出来的路线、方针和政策是否正确，检验的标准要以是否符合人民的利益，是否得到人民的赞同为标准。列宁强调革命胜利需要依靠人民群众，社会主义建设、管理同样需要依靠人民群众参与，要吸引比先前多十倍百倍的群众加入社会主义国家经济建设中，社会主义才能建立起来。十月革命胜利后，在苏维埃政府机关和党内，官僚主义逐渐地产生并蔓延开来，到了国内战争基本结束时，它已严重地遍及全国各地。怎么办？针对一些机关的官僚主义作风，列宁对其进行了严肃批评。同时，列宁强调只有吸收党外群众来监督我们的工作，群众成为权力监督的主体，苏维埃政权才能永保廉洁与活力。

　　第二，在实践中采取措施改善民生。列宁民生思想在俄国革命实践和苏联社会主义建设实践过程中不断发展丰富起来的。十月革命胜利后，苏维埃俄国百废待举，列宁清醒地认识当前面临的首要任务是必须保障人民的生存，只有这样才能消灭所有的剥削现象，让所有穷人得到生存保障，新生的苏维埃政权才能得到巩固，这是唯一通往社会主义的胜利道路。因此，苏维埃政权在建国初期采取了一系列措施保障人民群众的生存。主要措施如下：首先，颁布《土地法令》，保障农民的生存权。其次，发布《工人监督条例草案》《关于八小时工作制》《劳动保护和社会保证纲领》和《关于消费公社》等一系列重要法令，以国家法律的形式改善工人的生活状况，保障了全国劳动人民获得基本的物质生活。再次，果断改革并实施新经济政策，取消不符时局的战时共产主义政策，积极探索落后国家如何建设社会主义的道路。实施新经济政策有利于恢复国民经济，增加劳动者的收入，改善群众生活，达到了巩固新生苏维埃人民政权的目的。列宁实施新经济政策不仅丰富了马克思主义理论宝库，还为国际共产主义运动的发展提供了宝贵的历史经验和教训。最后，指出改善人民生活的根本途径就是大力发展生产力；国家保险是最好的保险形式，强调通过立法规范社会保障。

　　总之，列宁的民生思想在第一个社会主义国家实践中得到了丰富、补充和发展，它提高了生产力水平，改善了人民群众的物质和文化生活，为处在帝国主义包围中的苏联的社会主义建设奠定了坚实的物质基础，使苏维埃政权的执政地位得到稳固，体现了社会主义的优越性和强大生命力。与此同时，列宁的民生思想也为其他社会主义国家的民生理论与实践提供了重要的理论支持。

第二节　中国传统文化中的民生思想

中国文化悠长五千年，极具人文伦理色彩。在浩如烟海的中国历史典籍中，以民生关怀为宗旨的民本思想一直备受思想家青睐，它成为贯穿中华文化发展的一条主线。下面分述我国古代、近代民生思想。

一、中国古代民生思想

民生问题从一开始就与国家命运枝蔓相连，而中国古代传统的儒家、道家和墨家的思想对传统的封建统治制度的影响最大。古代儒家特别关注百姓生存问题，主张用道德的力量来抑制王权和约束专制制度。孔子"仁"的思想集中在"庶、富、教"三字，这三字亦是其民生思想的精华所在。孟子把孔子的民生思想进行了升华，把"民"提到与"天"齐平的高度，提出了民为贵、君为轻的理论，为后世历朝历代儒家持续关注民生定下了主基调。荀子关心百姓生活，提出"平政爱民"和"顺应民心"的观点。秦汉时期的儒家大体上接续了先秦儒家对民生的重点关注，主动站在民众的立场来治理国家，采取多种的方式限制王权。汉代董仲舒提出天人感应说，试图用天意来限制王权，警告帝王要关心民生，关心民生就是顺应天命。此后，中国历朝历代的统治阶级深受儒家思想影响，民生问题成为治国安邦的优先问题。唐代思想家柳宗元仁政爱民、改革求变的意愿强烈，强调吏的职责是为民办事，只有心系百姓，把抚养百姓和维持百姓的生计当作当官的第一要务，国家才能长治久安，政权才能稳定。到了宋代，大儒朱熹延续了孟子的观念，针对当时的政治和社会现实提出了"食是民生之本，农是足食之本"

的观点，提出要爱民、信民、富民与乐民。明清后涌现出一批关心民生的思想家，如张居正、黄宗羲、顾炎武等，突破和发挥了传统的民本思想，提出爱惜民生，万民忧乐的民生观。道家思想是中国的精神所在，老子讲求"民本思想"，主张治理天下要无为而治，以无为而无不为，贤德的君主对待百姓，应该帮助百姓按照自己的本性顺其自然地去发展，不能横加干涉；反之，如果横加干涉，注定要失去天下。墨子非常重视民众的利益，主张理想社会应使"人给家足"，老百姓能够得到基本的食物、衣服、休息。

总之，儒家学说一贯主张君主治国应施行以民为本、爱民养民的政策，但是这里所谓的爱民的真正目的是为了维持统治对象的支持和获得稳定的租赋来源，爱民的逻辑归宿是利君。尽管如此，在封建等级制度背景下，统治阶级追求以民为本，至少从形式上体现了君主对民的负责，以及君主的民生情怀，具有积极的历史意义。

二、中国近代民生思想

到了中国近代时期，中国传统文化受到西方的冲击，中国传统民生思想与近代西方的民权思想发生很有意义的关联，这正是近代民生思想产生的重要契机。中国近代民生思想吸纳了西学养分，呈现出新的面貌：人民从工具渐成为国家主体，法律和制度开始代替道义成为约束政府的力量，并逐渐摆脱重农抑商的传统统治理念，开始强化经济政策对上层建筑的支撑作用。

第一，早期改良派的民生主张。在19世纪60年代初，洋务运动兴起，洋务派指望以军事自强救国。与此同时，王韬、冯桂芬、郑观应、薛福成、郭嵩焘等一些开明的知识分子，秉承救世济人精神，试图在中国传统文化与西方传来文化的交融中探索出一条救国自强之路。他们中多数人实际投身到洋务运动洪流中，由于他们这批人较多地接触了西方先进的文化与制度，从西方政治里汲取有益养分，思想观念逐渐与洋务派产生了分歧。这些早期民族资产阶级改良派最终从洋务派中分离出来，从而催生了早期改良思想，改良派提出了一系列的关注民生的主张，特别是提出了以"富民"为主题的民生改良思想。其主要内容包括，其一，试探着触动封建专制制度，争取用政治手段维护经济利益，对许多伤民病民的"成法"提出尖锐批评，如冯桂芬、郑观应、王韬等改良派针对漕运、盐务、垦荒、治河和厘金等时弊问题提出改良方案，力促朝廷对现行法度加以革新，体恤民之艰难，与民休养生息；其二，建议革除旧例，核议保护出洋华民，并接受海外移民，这种认识是一种划时代的进步；其三，认为"利"是推动经济发展的原动力，通商成为首选的富民养民措施，倡导引进西方先进设备与技术，发展民族工业以解决人民生计问题；其四，认为洋务运动重兵战不重商战的行为属于舍本逐末，并提出"商战重于兵战"的思想理念；其五，呼吁彻底改革封建的传统教育制度，将西学正式纳入教育体系，并且重视工商科技人才的培养，反复呼吁清政府和社会广设工商学堂、工艺学堂，以培育工商人才重振中华民族雄风；其六，主张效仿西方社会行善举，建设和振兴社会公益事业，尤其赞赏西方社会重视供养鳏寡孤独、强化教化少壮的社会救助风气，冯桂芬批评清政府忽视民间疾苦，慈善流于形式缺乏管理，慈善款项不济，对贫民不教不养，各省穷民无所依归，被逼为匪。

总之，早期改良派的民生主张既超越了传统民本"农本商末"的陈词滥调，也基本摆脱了君本主义政治思想认为"民富则骄不利于治"的思想牢笼，这种经济富民思想在当时是极为难得的。因此，改良派比洋务派的思想格局更为远大，充分彰显了他们思想的先进性和开明性。

第二，太平天国领袖的民生思想。19世纪中叶，太平天国运动在广西爆发，它是我国历史上持续时间最长、规模最大的一场农民运动。农民领袖洪秀全在应对清政府残酷的武力围剿之余，已开始思考推翻清王朝后的社会管理方式，并在其军事占领区积极进行其理想社会的实践。《天朝田亩制度》集中反映了洪秀全对社会民生问题的思考。政治上，洪秀全渴望消除阶级与私有，建设人人平等、互敬互爱世界，认为整个社会是大家庭，上帝是一个多子多孙的大家长，芸芸众生都是家庭的成员。建立乡官制度，每年选举一次，三年一考核，官员有罪过和不称职的废黜为农。由于战事年年不断，这种唯才是举的选官制度未能顺利推行，但此制度亲民的影响力不可低估，显然十分有利于维护革命政权。洪秀全维护平民权益的法制方式也很独特，专门规定在法庭门外走廊放置两面大鼓，凡有冤要伸者均可"击鼓"伸冤，以求公道。虽然这种审案方式实有造势之嫌，但在一定程度上可防止恃强凌弱，维护百姓利益，已经具有一定的民生精神。经济上，早在起义之初，洪秀全就提出了土地、财产平均分配，建立自给自足的农村公社，达到"无处不均匀，无人不饱暖"的社会理想。起义后他们又建立了圣库制度，所有战利品均要缴公，全体官兵衣食俱由圣库开支，粮食按工作种类和年龄定量分配，取消了商业流通，不存在特权现象，违者处罚。文化教育上，把学校教育和宗教活动合二为一，学校设在教堂，教学内容就是圣书。不断完善考试制度，1851年广西永安开科取士，1853年建立了正式的考试制度，分为县、省、京三级，每年举行一次。太平天国的科举取士制度不仅废除了以"四书""五经"为内容的八股取士，而且任何人都可以参加科举考试，就是妇女也可以参加考试并出仕做官，这是前无古人的教育改革。社会保障上，洪秀全力图建立一个人人"保暖"、财富"均匀"的人间天国，他在《天朝田亩制度》中规定：鳏、寡、孤、独、废疾者的生活，都由圣库安排赡养。洪秀全把社会福利写入太平天国国家大法，足以证明其深厚的爱民、惜民的民生情怀。

概言之，洪秀全民生思想核心是绝对平均主义。因其脱离社会实际，未能摆脱小生产者平均主义的窠臼，具有盲目的空想性，洪秀全终究没能解决民生问题。太平天国后期，洪仁玕需要为太平天国探寻新出路，于是提出了《资政新篇》。他主张效法西方，发展资本主义，关注民众的生活问题。虽因历史与时代原因，这一方案最终未能施行。

第三，康有为、梁启超、谭嗣同、严复等维新派的民生思想。甲午战败引发新一轮民族危机，康有为、梁启超等维新派主张维新救国。1898 年，维新运动爆发，维新派主张在政治、经济和文化思想方面"全面变革"，期望通过变法建立起一个崭新的社会。在这个运动中，维新派的民生思想也非常引人注目。康有为民生思想继承于儒家"仁"的思想，同时又借鉴吸收了西方的民主思想，主要内容有：施仁政，官民和谐；先富国，兼养民；政府组织救济，不主张个人实施救助；废八股开民智，开设各类新式学堂，学习西方文明，改革教育体系，大力兴办教育，派送留学生出国。康有为民生思想呈现两特点：民生政策制度化，解决社会福利问题离不开政府的介入，强调政府救济与社会救济相结合；救济和教育相结合。梁启超秉承前辈民生思想精髓并将之升华发挥，他的许多民生观点就算放在当代社会也有许多借鉴意义。梁启超认同先秦哲人解决民生问题必须"为民置产"的观念，他主张在中国首先发展资本主义，让百姓有谋生的劳动机会。他反对打压资本家的做法。梁氏在因袭康有为大同学说的基础之上，兼采中西学说，建立起一套他对于改善社会民生问题的思考学说，并为后来孙中山的民生主义学说所吸收。

第四，孙中山民生思想。与康有为不同，孙中山敢于直面近代社会的贫富悬殊，从投身革命之日起便有志于改善民生，曾在《致郑藻如书》和《上李鸿章书》中专门提及百姓的劳作疾苦。20 世纪初，孙中山提出了"三民主义"革命纲领。他认为只有采取"平均地权""节制资本"这两种方法，才能协调社会各阶层利益冲突，解决社会发展过程中的弊端。1912 年元旦中华民国成立后，孙中山致力于将民生主义的理想付诸实践，临时政府颁行 30 多项法令规章，其中与民生紧密相关的大致有如下内容：保障人权平等、保护实业发展、实行教育改革等。总之，"民生主义"作为一种有独特政治价值的思想主张，其实用主义倾向非常强烈。它的维持民众正常生活以塑造政权执政合法性主张，得到各种政治势力认可，所以即使在孙中山逝世以后，他的"民生主义"旗帜依然为识时务者所承传，并使之活化。孙中山的民生思想于百年以后，它的学术价值与现实意义并存，其当年被视为"理想太高"的主张，或许正是我们今天犹须珍视的思想营养。

第五，梁漱溟乡村建设运动。民生问题是困扰近代中国社会的重大问题之一，除孙中山以"民生主义"应对之外，近代知识分子以儒学济世寻求解决之道，梁漱溟是他们中的标志性人物。现代新儒家梁漱溟一生都在关注国家的命运，思考中国应向何处去？梁漱溟的民生思想重点关注的是中国的乡村社会，农民生计是他思考研究并试图解决的重点问题。集中体现梁漱溟民生思想的是他的乡村建设实践活动，他在1931 年至 1937 年积极倡导并投身于其中的乡村建设运动，从中可以看出他对农村、农业特别是农民生存状况的关注和谋求其变化的诸多努力。他主张：乡村建设的现实意义是"救济乡村"与"创造新文化"；乡村建设最紧要的是"农民自觉"与"乡村组织"；精神培养是乡村建设运动的核心。综上所述，梁漱溟的乡村建设运动是在维护当时现有社会统治制度前提下，借助儒家的"理性"对农民思想进行改造的运动。

乡村建设的核心问题是土地和政权，关键的两点他都没有触及，注定了这种社会改良主义实践不会有什么实质性成果。但是，梁漱溟乡村建设运动积累的相关的经验和做法，对现代的农村民生问题的解决，不无启示意义。

第三节　新时代党对民生问题的理论阐述

2012 年 11 月 15 日，习近平总书记在同中外记者见面时指出，改革开放 40 多年，人民的生活发生了翻天覆地的变化，人民对美好生活的追求也随着时代变化有了新的向往，具体表现在这几个愿望：工作更加稳定、收入更满意、社会保障更可靠、医疗卫生水平更高、居住状况更舒心、环境更优美、教育质量更好、孩子健康成长。党的十八大以来，新一届中央领导集体秉承的执政理念更务实更贴近百姓需求，坚持常抓不懈改善民生和创新社会治理这两大根本任务，工作思路处处体现以民为本，庄严承诺以人民满意作为判断工作成效的标准，让改革成果更多更公平惠及全体百姓。

一、正确认识经济发展和改善民生的关系

民生是人民幸福的基础，是社会和谐的根本。经济发展的最终目的都是为了人民过上幸福的生活。习近平总书记指出，让老百姓能过上好日子是我们一切工作的出发点和落脚点。那如何评判我们工作的成效？关键是看人民能否得到真正的实惠、生活得到改善没有和权益保障落实没有。

促进经济发展的根本目的是为了改善民生。通过发展生产力，满足

人们物质文化全面需求，达到改善民生的目的。唯有政府从顶层设计制定与经济发展相适应的社会保障政策，保障劳动者参与发展、分享应得发展成果，群众权益不受侵害，这样全社会经济持续健康发展才能够实现，社会的公平正义才能体现。

经济发展和改善民生两者是互相作用的。经济发展是前提，没有经济发展作强大后援支撑，空谈改善民生毫无意义，不建立在实实在在的经济发展之上的任何改善民生措施都是海市蜃楼。与此同时，改善民生对经济发展有"指南针"作用。随着民生问题的不断解决，群众的生活压力得到有效缓解，消费潜力得到释放，拉动国内消费市场繁荣，不断催生新的经济增长点，经济发展呈现强大内生动力。总之，经济发展和改善民生两者之间是可实现良性循环的，经济发展为改善民生奠定坚实的物质基础，持续不断改善民生有利于为经济发展创造更多有效需求。习近平总书记指出，随着改革的不断深入推进，政府要更加重视平衡社会各方面的利益，越要尊重回应百姓的民生需求，对群众承诺的事就必须尽力做到最好，让群众能够看到回音，得到利益。

民生是一个动态需求，群众的民生期待也是随着生活质量提高不断提升的，呈现无限多样化、多层次。我们要紧紧着眼于我国社会主义初级阶段的基本国情，不急躁冒进，不提脱离国情过高的民生目标，不跟群众开空头支票，根据经济发展和财力状况做现实条件下可以做的事情。坚持从实际出发，民生改善建立在劳动生产出率提高的基础上，避免西方某些国家过度福利化，最终陷入"中等收入陷阱"，致使国家经济停滞，群众收入恶化。

二、抓住百姓最关心最直接最现实的核心利益

改善民生不可能一蹴而就。抓民生，必须要抓住百姓最关心最直接

最现实的核心利益，抓住最需要关注的困难群体。咬住一件事情，一年接一年，坚持不懈，持续关注跟进解决。

改善民生，首先应该确保办让人民满意的教育。人才是未来最具竞争力的资源，中国有这么多人，只有整体教育水平上升时，未来人力资源才会像井喷一样涌现。学校要把立德树人作为根本任务，大力培养各类人才。为遏止贫困现象代际传递，国家重点扶持乡村教育，狠抓义务教育巩固率，实施最有效的教育脱贫模式。

打造高素质劳动技能人才培养教育体系，注重培养动手能力，办特色职业教育，让人才脱颖而出。推动国内高等院校打造成为世界一流高水平大学和学科，深化考试招生制度、教育教学改革，建立终身化的教育体系，培养学习型社会。

努力抓好就业。在社会推行就业援助制度，帮助那些有就业困难的人找到工作。努力协调人力资源，鼓励自主就业，维护职工平等就业权利，注重更高质量的就业。推行终身职业技能培训制度，着力解决结构性就业矛盾，创造更多就业机会，实现劳动者全面发展体面劳动，构建和谐劳动关系。

收入分配更趋合理公平。不断增加一线劳动者工薪水平，达到劳动报酬与劳动生产率同步增长。完善分配、再分配调整机制。以权力和行政垄断方式谋取的非法收入坚决遏制，劳动者合法收入要得到有效保护；低收入群体的收入要有显著增加，中等收入群体人数比例要扩大，城乡收入分配差距要努力缩小，合埋有序的橄榄型分配格局逐步形成。

社会保障制度充分发挥其社会稳定器的作用。完善城乡居民的养老、医疗、工伤、生育、救助等制度体系，社会福利水平稳步提高，让群众无后顾之忧。努力解决困扰老百姓的住房难题，打造多层次住房保障和供应格局，政府为住房困难群众兜底提供基本住房保障，同时对于多层次需求的住房，放手让市场运作提供供应。

推动健康中国建设。加大对医疗卫生行业乱象综合治理的力度，提出解决医疗改革问题的中国式解决方案。全民健身运动在社会上全面展开，形成群众热爱体育、自觉健身的良好社会氛围。释放生育潜力，不断增加劳动力供应，保障人口均衡发展，应对人口老龄化浪潮冲击，确保我国人口安全。

政府要把困难群众的安危冷暖当作大事来关注，工作扎扎实实不做流于形式的表面慰问，而是给予他们雪中送炭式的暖心关怀。同时在社会上大力倡导勤劳致富氛围，每个人刻苦努力都可以都可让自己的人生出彩，都可过上美好生活。

三、坚决打赢脱贫攻坚战

当前，我国扶贫工作已经到最艰难冲刺阶段，脱贫攻坚战成败与否取决于精确度。首先，关键要澄清真正的贫困人口。其次，要解决好"怎么扶"的问题。各地结合实际创新出多种扶贫模式，比较突出的有经验脱贫模式、生态补偿脱贫模式、发展生产脱贫模式、易地搬迁脱贫模式和社会保障兜底等模式快速脱贫。最后，要研究贫困户的脱贫后"如何退"的机制问题，让有限的扶贫资金给予最需要的贫困群体。

要发扬愚公移山精神与贫困做斗争，坚决赢得这场反贫困战役。除了有打赢反贫困的坚定决心，还要设计清晰的脱贫思路，采取更精确措施，加快贫困户脱贫步伐，实现整体摆脱贫困的目标。政府要把脱贫职责扛在肩上，贫困群众把苦干脱贫作为志向，上下一心打赢脱贫攻坚战。

四、维护社会和谐稳定

和谐稳定是我们共产党人不懈追求的社会状态，不论改革大业还是伟大的中国梦目标，都离不开稳定和谐的社会环境，没有稳定所有改革和发展都无法实现。要保持社会和谐稳定，必须首先厘清维护稳定的难点在于处理好"维稳和维权两者之间关系"。维护稳定的本质是维护权利。如果我们不解决好群众合理合法的利益诉求，不给群众维权单纯维稳，最后也很难稳定下来。要公平对待群众的正常利益诉求，重视疏导化解矛盾。

推进和平中国建设，维护社会和谐稳定，是最基本的民生诉求。建设和平中国，就要把人民群众强烈反映、影响社会和谐稳定的突出问题，展开重点治理，让百姓真正感到有安全感。加强司法监督，开展法律援助，保障群众合法利益。

第三章 西部城市民生调研概述

2014 年，中央民族工作会议提出，"我们要敞开城市的大门，带着暖暖的情谊，欢迎少数民族同胞的到来。"[①] 本调研旨在研究来到西部城市生活的少数民族居民真实民生现实与发展变化，着眼于科学、客观的记录西部城市少数民族民生发展动态，对西部城市民生政策的实施效果做出科学客观地评估，为政府在西部城市少数民族民生持续改善的政策制定方面提供参考建议。下面将从调研设计、调研问卷内容和问卷样本情况三个方面来介绍整个项目规划和执行情况。

第一节 民生调研设计

本课题以马克思主义理论为基础，有针对性地开展社会学、统计学、伦理学以及人口学等多领城多学科的交叉研究，对西部城市少数民族民生状况展开全方位调研。

[①] 国家民族事务委员会.中央民族工作会议精神学习辅导读本（增订版）［M］.北京：民族出版社.2019.02：313.

　　首先，"民生"这个概念具有抽象性、概括性、综合性的特征，具体涉及社会最小单位——家庭（个人）民生问题时还可能带有主观性的特性。作为严谨、客观、科学的研究项目，在研究设计阶段就需要把民生概念的内涵予以合理细化与解构，形成直观可观测可描述的量化指标体系。以往此类指标体系研究通行的做法是构建树权型指标层级关系，将抽象的待研究目标作为树权顶端，而各类可观测的具体指标置于树权的末梢，树权结构可以多层，层层递进，相邻两层之间常见的是以加权和的形式来建立联系。课题组参考借鉴国内高校和相关机构民生评价框架，吸取各家所长，搭建起一套三个层级的西部城市少数民族民生测评体系。（测评体系的内容在后面章节介绍）

　　其次，在测评体系框架构建完成后，根据项目研究目标，需要考虑获取调研问卷的信息效率，直接影响信息效率的关键因素是问卷能否设计的贴近本土化现实，简单明了的测试题目能让被访者准确理解问卷要求，轻松回答问卷提问。一份信息效率高的问卷能够在有限的访谈时间内获取较多的真实目标信息，或者大大缩短采集信息时间。标准化问卷所承载的内容，需要与受访对象的实际情况紧密贴合才能较为有效地获取信息。对于人群覆盖面较广且特征较为多样的大型调研，问卷设计就需涵盖足够多的细节以契合不同特征人群的实际情况，虽然本次最终调研数据难免还是会存在较多缺省值，但设计的时候要力求设计尽量完善。西部地域广阔，不同地区地理环境条件差异巨大。西部各城市的世居少数民族各异，随着流动进城人口的逐年增多，城市少数民族存在诸多民生难题逐渐显现，主要有语言文字差异所造成的与外界交流成本高，城市与原居住地生活方式存在巨大差异性和当地公共服务难以公平享有等方面。因此，调研问卷贴近调研群体实际状况才能真实了解民生实情。由于首次在西部城市开展类似的随机抽样调查，因此项目组投入了较多的时间、精力和资源进行前期准备，同时还开展了广泛的研讨与咨询工作，以提高问卷的科学化和本土化程度，尽可能提升最终调研问卷的信息效率。本项目组调研终极目标，就是要把基于微观调研信息的某一个省会城市少数民族民生研究扩展到西部 12 个省会城市，甚至将来覆盖整个西部中小城市。因此，研究设计将本着具有良好的地域扩展性和跨地域对比性的原则来搭建整体研究框架，在坚持局部地区（西部某一个省会城市）研究和积累稳步推进的基础上，积极进行扩展性研究。

一、民生调研目标

项目通过采集和观察微观家庭（个体）层面民生数据，追踪并积累西部城市少数民族群体的民生状态与民生改善，为研究西部城市区域经济社会与微观家庭（个体）民生的发展变化进程提供客观、科学、必要的数据支撑。通过评估政府已实施的社会经济政策对城市少数民族民生维度的影响与绩效，为政府未来的城市民族管理政策制定提供参考和咨询建议。

二、民生测评体系介绍

（一）测评体系构建思路

西部城市少数民族民生测评体系，是通过构建树权型指标层级关系，将抽象的民生指标逐层分解细化，形成三个层级的民生测评体系。民生测评总指数下边有一级二级指标衔接支撑，底层（第三级指标）是直接对应调研问卷标准化问题的观测指标，以具体的问题形式在问卷中呈现。构建这种形式的指标体系主要有以下几点考虑：一是将抽象的不可观测不可度量的目标指标（四个一级民生客观指标）予以量化。

二是将涉及和影响目标指标（民生主观指标）的多个可观测事实维度都广泛地纳入到测评体系中，使测评更具清晰性。三是整个指标体系的结构关系具有子结构与整体结构的逻辑一致性和类似性，任何一个局部的中间指标下所形成的树权形结构与总指标结构很类似，也都是向下逐层分解。四是在不可观测不便于量化的抽象指标与可观测可量化的事实指标之间，逐级建立逻辑映射关系。

结合西部城市民族状况，构建了西部城市少数民族民生测评体系。测评体系共有三级指标，一级指标有 5 个，包括："居民生活""公共服务""公共安全""生态文明"和"民意感知"。

二级指标共有 16 项。其中，"居民生活"下的二级指标有："劳动就业""收入消费""娱乐休闲"和"居住环境"；"公共服务"下的二级指标有："文化教育""医疗服务""社会保障"和"交通通讯"；"公共安全"下的二级指标有："总体安全""食品安全"和"社会信任"；"生态文明"下的二级指标有："空气质量""水质达标"和"垃圾处理"；"民意感知"下的二级指标有："幸福感"和"信心度"。

三级指标共有 48 项，支撑二级指标。其中，"劳动就业""收入消费""娱乐休闲"和"居住环境"下的三级指标包含 9 组相应测试题提问；"文化教育""医疗服务""社会保障"和"交通通讯"下的三级指标包含 15 组相应测试题提问；"总体安全""食品安全"和"社会信任"下的三级指标包含 9 组相应测试题提问；"空气质量""水质达标"和"垃圾处理"下的三级指标包含 6 组相应测试题提问。"幸福感"和"信心度"下的三级指标包含 4 组相应测试题提问。

给各层级的不同指标进行赋权，再通过加权平均获得各个层级不同指标的满意度评分。客观民生满意度权重为 1，一级指标"居民生活""公共服务""公共安全""生态文明"和"民意感知"的权重均为 20%；

二级指标中,"居民生活"下的二级指标"劳动就业""收入消费""娱乐休闲"和"居住环境"的权重都为25%;"公共服务"下设置"文化教育""医疗服务""社会保障"和"交通通讯"的二级指标权重都是25%;"公共安全"下设置"总体安全""食品安全"和"社会信任"二级指标权重分别是40%、30%和30%;"生态文明"下的二级指标"空气质量""水质达标"和"垃圾处理"的权重分别是40%、30%和30%;"民意感知"下的二级指标"幸福感"和"信心度"的权重分别是50%和50%。三级指标,通过调查问卷直接获得相应的满意度评分,等权根据测试题目分别进行设置。(详表3-1西部城市少数民族民生测评体系)

整体民生测评体系分为三层,第一层为五个抽象指标,第二层为16个抽象指标,第三层为45个底层可观测事实指标。45个底层问卷设计题目贴近普通市民认知,都是市民熟悉的身边现实社会问题,被访者容易理解和作答。整体指标体系设计是从上到下层层分解,构建出一个从一层指标到45个底层的观测指标之间的映射关系。任何一个底层观测指标到顶层指标之间路径上的逐层权重相乘,就得到了此底层观测指标对顶层目标指标的贡献率。

表3-1　西部城市少数民族民生测评体系

一级指标	二级指标	三级指标
居民生活 (20%)	劳动就业 (25%)	(40%)对目前工作是否满意　(30%)从事的职业受尊重吗　(30%)是否签了劳动合同
	收入消费 (25%)	(50%)对目前收入的满意度　(50%)家庭消费支出承受能力
	娱乐休闲 (25%)	(50%)文娱时间充裕度　(50%)目前最主要的生活压力
	居住环境 (25%)	(50%)目前居住房屋产权　(50%)住房宽敞度

一级指标	二级指标	三级指标
公共服务 （20%）	文化教育 （25%）	（25%）义务教育满意程度 （25%）上学单程时间 （25%）汉语汉字水平 （25%）民族文化传承与保护
	医疗服 （25%）	（30%）小病选择去哪级医院 （30%）就医中遇到的困难 （40%）医院看病价格是否合理
	社会保障 （25%）	（25%）对社保制度满意率 （25%）目前已购买哪种保险 （25%）对社保制度最不满意地方 （25%）最青睐哪种养老模式
	交通通讯 （25%）	（25%）日常出行方式 （25%）居住地交通拥堵情况 （25%）你家宽带速度怎样 （25%）微信软件的使用度
公共安全 （20%）	总体安全 （40%）	（50%）生活在城市有安全感吗 （50%）本地社会治安满意度
	食品安全 （30%）	（40%）过去一年的食品安全改善情况 （30%）最担心哪些食品安全问题 （30%）食品安全信息及政策获取渠道
	社会信任 （30%）	（25%）对他人的信任 （25%）对熟人社会的信任 （25%）对哪种职业群体最信任 （25%）对新闻媒体的信任
生态文明 （20%）	空气质量 （40%）	（100%）空气质量满意度
	水质达标 （30%）	（50%）日常用水来源 （50%）饮用水质量满意度
	垃圾处理 （30%）	（30%）参与垃圾分类情况 （30%）垃圾分类阻碍原因 （40%）近一年周边生态环境总体状况

一级指标	二级指标	三级指标
民意感知 （20%）	幸福感 （50%）	（30%）身心健康　（30%）家庭和谐　（40%）工作满意
	信心度 （50%）	（40%）个人发展　（30%）城市发展　（30%）国家发展

　　整体指标体系逻辑结构中最重要的部分是中间层以及底层指标的权重选取，在这个方面可借鉴的理论或成熟的研究成果并不多。对于本研究中指标体系的权重选取，首先，基本遵循的方式是，同一层级同一个类属的指标之间，如果没有明显的重要程度区分，就以均匀的方式来赋权。由于研究对象是基于一个有代表性且数量较大的群体来进行，虽然在单个家庭或个人层面在不同的指标维度有各自关心的侧重点，但是就代表性人群来看，这样的差异性会将不同维度的重要性相互抵消，整体现象是以均匀的赋权形式出现。另外，此次调研是首次大型多层次调研，在没有前期经验可借鉴条件下，较为稳妥的赋权方式也是倾向于等权模式。其次，对于未能均等化赋权的同一层级同一类属的指标，则是根据研究侧重点进行了有针对性的赋权调整，可以避免个人家庭指标之间差异性扩大。

　　下面简单说明指标体系设计初衷。获得民生测评总指数是整个指标体系构建目标，通过45个具体满意变层面的信息汇总，每一个受访对象（家庭）都将给出其在过去一年中的生产生活经历中的民生满意程度，以1－5分中的某一个数来具体表示。项目组将民生测评体系拆分成五个方面的组成部分，居民生活、公共服务、公共安全、生态文明和民意感知，这五个方面较为全面地囊括了与居民生产生活相关的民生感受，每个方面赋权设计都是 20%。这五个方面的得分通过加权和的形式汇聚成民生测评总指数。

一级指标"居民生活"这个分支下的二级指标分为劳动就业（25%）、收入消费（25%）、健身休闲（25%）与居住环境（25%）四个方面，以等权重形式合并成"居民生活"分指数。一级指标"公共服务"，向下分解为文化教育、医疗服务、社会保障和交通通信四大方面。基本上也还是遵循等权重的方式汇合成"公共服务"分指标。一级指标"公共安全"下设三个指标，总体安全、食品安全和社会信任，其中二级指标"总体安全"涉及面广重要性相对高，所以权重调整为 40%；"食品安全"和"社会信任"权重均为 30%。一级指标"生态文明"下含：空气质量、水质达标和垃圾处理三个二级指标，也是大体遵循等权重的方式设置权重，考虑到近几年国内雾霾天气频繁，已经严重影响人们健康生活，所以"空气质量"权重适当调高到 40%，其余 2 项均等设置为 30%，一起汇合成"生态文明"分指标。一级指标"民意感知"下设两个指标：幸福感和信心度。从上述分析可以看出，本项目在一级指标采用相同的分项指标设置，相同的权重（20%）。第二级指标大体遵循等权重的方式设置，三级指标由 45 个调研问卷中相应的主观测试问题组成。（在后面的问卷部分详述）

（二）指标计分标准

在评分体系中，一级、二级指标为民生测评体系中的综合指标，一级和二级指标加权平均得分最高分 100 分，最低分 0 分。为了方便对分析结论的理解，我们将各综合指标得分所处的空间［0，100］分为五个区段：从"非常不满意"到"非常满意"，5 个满意度依次设置对应分数区间。（详见表 3 - 2 一级二级民生满意度指标计分准则）三级指标为来自问卷的原始指标，问卷的回答选项为标准五分法[①]："非常不满意"计0分；"比较不满意"计25分；"一般满意"计50分；"比较满意"计75分；"非常满意"计100分。

表3-2　一级二级民生满意度指标计分准则

满意度	分值区间值
非常满意	(87.5—100)
比较满意	(62.5—87.5)
一般	(37.5—62.5)
比较不满意	(12.5—37.5)
非常不满意	(0—12.5)

三、样本选取与抽样方案

课题使用的数据来自国家社科基金西部课题"新型城镇化背景下西部地区城市少数民族民生问题综合调查"于2016—2018年在全国组织进行的西部城市少数民族居民问卷调查。调研旨在了解西部城市少数民族居民对就业、收入、教育、医疗、环境和安全等方面民生状况，同时还将重点对幸福感和信心度等主观民生问题展开相关的调研、样本采集与检测。调查遵循客观务实、科学严谨的态度，严格保证调查数据具有客观代表性，为此课题组在调查前进行了大量的资料获取和整理工作，科学设计样本选取方案，调查样本的选取范围兼顾整体性与局部性原则，分两个层次进行取样。

第一层次：电话调研，摸清西部城市少数民族群体民生在全国大致

[①]　特别说明，在第4章、第5章问卷说明部分，为了简单明了采用1—5分计分，和这里100分计分方法不冲突，二者可以转换分数。

排位。

　　调研地点选择在中国内地各省、直辖市、自治区行政机构所在地，本项目中简称为"省会城市"。主要是基于如下考虑，省会城市是各省（市、区）的政治经济文化中心，是能够对国民经济和社会发展起着重要影响的大城市。省会城市居民的社会保障覆盖面及保障水平，整体上较之于本省（市、区）其他城市来说具有先进性、方向性和引导性。为此，调查中国省会城市少数民族居民的民生状况，有助于把握现阶段我国民生事业发展的先进经验、存在的问题及改进方向，也有助于探析在新型城镇化建设进程中，大中小城市少数民族民生保障的普遍性和特殊性，更好地协调兼顾各方面的发展权益。

　　2016 年 1 月 10 日开始，对全国 31 个省会城市展开为期 40 天的调研，调查工具是拨打调研城市电话区号随机组号码每个城市拨打 20 个固定电话号码和 30 个移动电话号码，遇到不符合调研条件的号码，则不计入调研频度，重新开始新号码拨打。调查对象为调查市居住生活 6 个月以上的非汉族的少数民族群体。如果电话访谈对象不是少数民族居民，访谈立即停止，此次不计入调研数，重新开始另一个电话号码调研问卷。调研对象年龄范围在 16—80 岁之间，包括户籍在本市、户籍不在本各类少数民族居民。由于是电话问卷，所以问卷设计比较简单有利于接听并且快速回答。每个调研城市设计获取等额数目电话样本（50份），一起获得 1550 份问卷，后期录入剔除记录缺漏问卷 4 份，共获有效电话问卷 1446 份。

　　第二层次：入户问卷访谈，进行西部城市内部少数民族居民民生对比。

　　调查点从西南、西北地区各选 2 个省会城市，分别是南宁、拉萨、兰州、乌鲁木齐。选择南宁市的理由：我国少数民族人口最多的民族是壮族，南宁是广西壮族自治区首府，南宁地理位置重要，分别是东盟、"一带一路"倡议有机衔接的重要门户城市。选择拉萨市的理由：国家给予西藏特殊扶持政策，全国各地支援西藏的企业、人员源源不断进入西藏，拉萨进入西藏主要汇集地。选择乌鲁木齐市的理由：新疆与 7 个国家有接壤，资源丰富，有大量人口经乌鲁木齐流入全国各地，乌鲁木齐是全国人口输出主要地。选择兰州市的理由：兰州是西北交通大动脉的枢纽，被称作"西部大开发的桥头堡"，许多到西北地区寻求就业和发展的中部、东部流动人口首先来到这西北重镇，兰州也因此成为外来人口流入的主要西部城市之一。上述 4 个调研城市各有不同的地域特色。

由于本阶段调研设计对象是主要是家庭户，而非单纯的个人，因此最为理想的样本选取是从西部 4 个省会城市全体少数民族居民家庭的样本地中随机抽取样本，很遗憾，这样的数据在实际调研里并不可得。能获得的公开人口数据是西部城市各城区的户籍人口与常住人口，实际流动少数民族家庭人口数据是缺失的。对于有本市户籍的少数民族家庭，每个调研市采取分城区依照民族人口权重抽签 10 个家庭样本，再随机抽取 5 户作为入户对象。对于无本市户籍的少数民族家庭，是根据当地少数民族流动人口的职业特点，采用分类随机抽样方法，对工地建筑工、出租车司机、餐馆服务员、民族风情旅游点表演人员、社区钟点工和街头销售民族产品的摊贩进行随机抽样。

调查员主要来自本学院教师和全校各专业本科生、研究生，考虑到调查需要连续固定的较长时间、且长期生活在南方同学不适应西北寒冷气候，所以调查全部选择在暑假进行。调查活动正式启动前先行进行问卷设计、调查员培训、模拟调研采访等准备活动。并且根据 2016 年 1 月全国 31 个省会城市电话调查情况，适时对问卷进行调整，并且补充了许多方便面对面交流的测试问题。

调研分年度展开调查，2016 年 7 月 10 日—7 月 30 日，调研广西南宁市的少数民族居民民生状况，获得有效问卷数 410 份。2017 年 7 月 15 日—8 月 20 日，调研西藏拉萨市、甘肃兰州市 2 个西部省会城市的少数民族民生状况，共获得有效问卷数 1050 份。2018 年 7 月 10 日—8 月 1 日，调研新疆乌鲁木齐市少数民族居民民生状况，获得有效问卷数 482 份。三年间，共获得西部 4 个省会城市 1942 份有效家庭问卷，涵盖 52 个民族。

第二节　调研问卷内容

问卷的设计主要从五个方面来刻画受访城市少数民族居民家庭的客观民生现实与主观民生感受：居民生活部分、公共服务部分、公共安全部分、生态文明部分和民意感知部分。这五个部分的信息最终组成一个有机的整体，力图较为全面和完整地反映涉及西部城市少数民族居民家庭生活全貌。下面逐一对各部分内容设计逻辑与目标进行简单介绍。

一、"居民生活"三级指标问卷

"居民生活"三级指标问卷测试题首先包括劳动就业方面三题：对目前工作是否满意？从事的职业受尊重吗？是否签了劳动合同？其次是收入消费方面二题：对目前收入的满意度？家庭消费支出承受能力？娱乐休闲方面二题，文娱时间充裕度？目前最主要的生活压力？最后是居住环境方面二题：目前居住房屋产权？住房宽敞度？

二、"公共服务"三级指标问卷

"公共服务"三级指标问卷测试题首先包括文化教育方面四题：义务教育满意程度？上学单程时间？汉语汉字水平？民族文化传承与保护。其次是医疗服务方面三题：小病选择去哪级医院？就医中遇到的困难？医院看病价格是否合理？然后是社会保障方面四题：对社保制度满意率？目前已购买哪种保险？对社保制度最不满意地方？最青睐哪种养老模式？最后是交通通信方面四题：日常出行方式？居住地交通拥堵情况？你家宽带速度怎样？微信软件的使用度？

三、"公共安全"三级指标问卷

"公共安全"三级指标问卷测试题首先包括总体安全方面二题：生活在城市有安全感吗？本地社会治安满意度？其次是视频安全三题：过去一年的食品安全改善情况？最担心哪些食品安全问题？食品安全信息及政策获取渠道？最后是社会信任四题：对他人的信任？在熟人社会你最信任谁？对哪种职业群体最信任？对新闻媒体的信任？

四、"生态文明"三级指标问卷

"生态文明"三级指标问卷测试题首先是空气质量一题：对本市空气质量的满意度？其次是水质达标测试二题：日常用水来源？饮用水质量满意度。最后是垃圾处理方面三题：参与垃圾分类情况？垃圾分类阻碍原因？近一年周边生态环境总体状况？

五、"民生感知"三级指标问卷

"民生感知"三级指标问卷测试题，大的分类有 9 个方面，再细分测试题。

"幸福感"的方面测试题 3 类 11 题。"身心健康"方面：经常感觉身体某些部位特别不舒服？经常担忧自己健康，情绪平稳处于良好状态遇到难事会长时间情绪低迷。

"家庭和谐"方面：家是我温暖的港湾，家人总能在我最困难的时候给予支持，我宁愿加班也不愿意回家，与家人沟通困难。"工作满意"方面：上班就是在混日子，对自己的工作不感兴趣，目前的工作能很好地发挥自己的才能。

"信心度"的方面测试题 3 类 10 题。"个人发展"方面：对自己职业发展前景的预期，对自己身体健康状况的预期，对未来个人收入增加的预期，对新时代拥有更多获得感的预期。"城市发展"方面：对未来生活的城市生态环境改善的预期，对社会风气、市民素质提高的预期，对所在城市政府提供公共服务能力的预期。"国家发展"方面：对如期全面建成小康社会的信心预期，对中国未来经济增长的预期，对我国反腐败形势的信心预期。

第三节　民生问卷样本基本情况

一、准备工作与相关准则

本项目的各环节中，最难且最重要的一环就是实地入户问卷访谈，要采集到真实数据，需要调动大量的人力、物力支持。本项目组进行这样覆盖面广、大型随机抽样入户调研尚属首次，所以了解参考他人经验就非常必要。入户调查常规步骤可以归纳如下三步：第一步，对于随机抽样出来的人样社区，先派调研员与社区对接联系，获取符合访谈的户籍列表信息，并记录到达调研地点交通、住宿等地理生活环境信息，最大限度避免琐事耽搁正常入户问卷访谈时间。第二步，根据前期打头阵调研员提供的信息做出正式规划，包括时间、路线等。第三步，派出正式入户访问调研队，由本学院老师带队进入受访户家庭完成如何问卷访谈。

由于入户调研都是安排在暑假进行，从首次派出调研员到入户调研完成用时跨越 3 个年头，整个入户调研阶段项目前期调研准备工作特别重要。

（一）调研准备工作

项目组从 2015 年下半年就开始筹划准备开展先导性的调研工作，这个阶段就是项目的前期准备，主要工作内容包含以下三个方面。

第一，深入某个调研城市，开展前期小规模调研。走访调研家庭，对其城市生活的方方面面进行访谈和观察。这个阶段的工作为项目组完成入户访谈问卷的初稿提供了大量新鲜而难得的第一手资料，为后续的正式调研工作奠定了基础。同时，项目组还积极与相关高校专家咨询沟通，定期召开调研协调小组会，正确规划把握项目的实施。第二，培训调研员、学习软件编程、数据清理、录音核查等多个环节的工作，形成实际有效的调研团队执行能力。第三，积极争取调研城市社区工作人员给予入户调研必要的支持。项目组在对自身团队人员、资金、技术实力等各方面评估后，决定首次入户问卷调研工作目标从广西南宁市展开，先从本省区展开调研是务实可行的方案，在积累了经验并锻炼了足够多和专业的调研员后再将工作扩展到其他省会城市。特别要说明的是2016 年 1 月全国 31 省会城市电话问卷，为后续调研工作的执行积累了坚实的知识、信息、技术核心团队，有力保障了西部四城市入户问卷调研工作按照规划顺利实施。

（二）调研相关准则

整个出访入户调研过程，执行团队制定了较为详细和严格的培训、考核、派出以及换样等准则，下面简单地对调研准则进行介绍。调研员的选择准则：尽量选择生源地为所在城市（至少为所在省）为调研员主体，这在前期选拔录取调研员时已注意到在校本科生生源地域问题。我校生源地覆盖全国 31 个省区市，在校人数达 2.9 万，马克思主义学院面对全校本科生、研究生讲授思想政治理论课，所以接触选拔调研员有充足资源，且我校社会工作专业本科生是一支"召之即来""马上胜任"的调研员后备力量。正式调研员上岗准则：所有参加正式样本调研的调研员要满足"三个一"条件，即：至少需要接受一次问卷培训，至少需要接受一次出访培训，至少有 1 户预调入户访员的经历，且其预调问卷经项目问卷质量评定通过后才能成为正式调研员。正式调研派出准则：每一支派出队伍基本构成为一名督导（本校教师）、三名访员。大多数样本社区的数据采集均为当天出发，当天完成并返回住处；到达样本社区后，由督导现场了解各户的相对地理位置信息后，给各个小组分派入户样本，所有的问卷必须由调研员执行完成。以前问卷调查多采用调研员分发问卷，由被调研者之间填写问卷，填完交回调研员。这种方式会出现前后矛盾的回答，而且出现不少题目漏答，以至于废卷较多。所以本次调研我们采用调研员口问并且代填问卷的方式，被访者只要听清题目口头回答即可。这样既减轻了被访者手写答题烦琐的困扰，也可以做到问卷问题不遗漏，保证有效问卷数量。

二、调研范围和地域分布

课题组第一阶段电话调研，面向全国 31 个省会城市，采用电话一问一答方式，调研员听见答案快速选填答案，本轮获得有效问卷 1446 份。第二阶段在西南、西北 4 个省会城市进行入户问卷调研和访谈交流，有效问卷 1942 份。电话和入户共获有效问卷合计 3388 份。

（一）电话问卷

电话调研中，我国东部地区样本数占总体 34.57%（样本 500 份）、中部地区样本占总体 20.60%（样本 298 份）、西北地区样本占总数 41.49%（样本 600 份）、东北地区样本占总数 10.30%（样本 149 份）。其中，济南市、哈尔滨市有效问卷占电话问卷总体的 3.38%（样本均为 49 份）；合肥市有效问卷占电话问卷总体的 3.31%（样本 48 份），其余 28 个省会城市有效问卷分别占电话问卷总体的 3.45%（样本均为每市 50 份）。电话问卷合计 1446 份。（详见图 3-1 电话问卷调查样本地域分布）

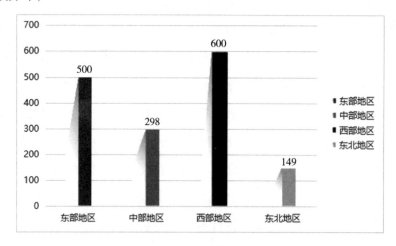

图 3-1　电话问卷调查样本地域分布

（二）入户问卷访谈

南宁市有效问卷占入户问卷总体的 21.3%（样本 410 份）、拉萨市有效问卷占入户问卷总体的 25.2%（样本 490 份）、兰州市有效问卷占入户问卷总体的 28.8%（样本 560 份）、乌鲁木齐市有效问卷占入户问卷总体的 24.7%（样本 482 份），入户问卷合计 1942 份。（详见表 3-3 西部城市少数民族民生问卷调查样本频度分布）

表 3-3　西部城市少数民族民生问卷调查样本频度分布

省区市	电话问卷频数（#）	百分比（%）	入户问卷频次（#）	百分比（%）
北京	50	3.45	—	—
天津	50	3.45	—	—
石家庄	50	3.45	—	—
上海	50	3.45	—	—
济南	49	3.38	—	—
南京	50	3.45	—	—
杭州	50	3.45	—	—
福州	50	3.45	—	—
广州	50	3.45	—	—
海口	50	3.45	—	—
东部地区	500	34.57		
郑州	50	3.45	—	—
太原	50	3.45	—	—
武汉	50	3.45	—	—
长沙	50	3.45	—	—
合肥	48	3.31	—	—

续表

省区市	电话问卷频数（#）	百分比（%）	入户问卷频次（#）	百分比（%）
南昌	50	3.45	—	—
中部地区	298	20.60	—	—
呼和浩特	50	3.45	—	—
南宁	50	3.45	410	21.3
重庆	50	3.45	—	—
成都	50	3.45	—	—
昆明	50	3.45	—	—
贵阳	50	3.45	—	—
拉萨	50	3.45	490	25.2
西安	50	3.45	—	—
兰州	50	3.45	560	28.8
西宁	50	3.45	—	—
乌鲁木齐	50	3.45	482	24.7
银川	50	3.45	—	—
西北地区	600	41.49	—	—
哈尔滨	49	3.38	—	—
长春	50	3.45	—	—
沈阳	50	3.45	—	—
东北地区	149	10.30	—	—
合计	1446	100	1942	100

三、性别、年龄和学历分布

从被访者的性别分布看，男性占 49.29%（1670 人），女性占 50.71%（1718 人），男女性别比例基本均衡。

全部样本年龄分布情况是：30 岁以下被访者占 19.6%（664 人）；30—39 岁之间被访者占 27.8%（941 人）；40—49 岁之间被访者占

25.1%（850 人）；50—59 岁之间被访者占 18.3%（620 人）620 人；60 岁以上被访者占样本总数 9.2%（314 人）。

其中，30—59 岁的中青年被访者人数最多，占总人数 71.2%（2411 人），总体年龄结构合理。（详见图 3-2 样本的年龄结构图）

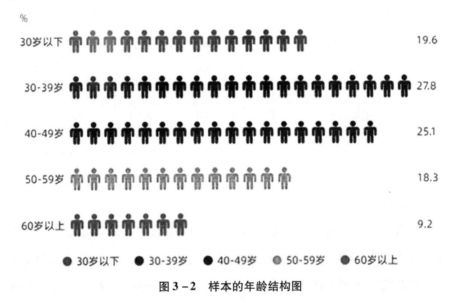

图 3-2　样本的年龄结构图

全部在学历层次上，被访者中人数比例最多是高中或中专学历（1043 人），占总体 30.8%。通过访谈了解到大部分外来年轻打工者都是高中学历，由于农村高考升学率较低，信息较为闭塞，对城市就业服务信息获取困难，一般农村劳动力盲目进城就业风险较大，所以仅具有高中以上学历这部分劳动力方"更有胆量"进城打工。20.3% 的被访者是小学及以下学历；23.3% 的被访者是初中学历；有 15.9% 的被访者是大专学历；8.3% 的被访者是本科学历；被访者是研究生以上学历占总体 1.4%。调研发现，进城的少数民族群体学历普遍提高，初中及以上学历总计 2701 人，占总体 79.7%，数据显示我国义务教育普及成效显著，大部分被访者具有一定的文化程度，能够清楚地表达自己的意

思。（详见表3-4 西部城市少数民族民生问卷调查样本的学历层次）

表3-4　西部城市少数民族民生问卷调查样本的学历层次

学历	频数（#）	百分比（%）
小学及以下	687	20.3
初中	789	23.3
高中/中专/技校	1043	30.8
大专/高职	538	15.9
本科	281	8.3
研究生及以上	50	1.4
合计	3388	100

四、职业分布

调查样本的职业分布比较均衡，各个阶层的少数民族群众都在本次问卷调查的范围内。被访者职业最多的是：办事人员和有关人员660人，商业服务人员531人，大学生514人，生产运输工人491人，合计占样本总体的64.9%。其中有典型代表的职业是，无业人员有274人，占样本总体的8.1%；从事个体经营人员占样本总体的5.6%；专业技术人员占样本总体的5.4%；从事农林牧渔水利的有145人，占样本总体的4.3%；现役军人10人，占样本总体的0.3%。（详见表3-5 西部城市少数民族民生问卷调查样本的职业分布情况）

表3-5　西部城市少数民族民生问卷调查样本的职业分布情况

职业类型	频数（#）	百分比（%）
无业人员	274	8.1
自由职业者	64	1.9
农林牧渔水利	145	4.3

续表

职业类型	频数（#）	百分比（%）
个体经营人员	189	5.6
生产运输工人	491	14.5
商业服务人员	531	15.7
大学生	514	15.2
现役军人	10	0.3
专业技术人员	182	5.4
办事人员和有关人员	660	19.4
党政企业单位负责人	54	1.6
离退休人员	189	5.5
其他	85	2.5
合计	3388	100

第四节　西部城市少数民族民生测评对比分析

一、西部城市测评指标在全国排位

课题组按照西部城市少数民族客观民生问题测评体系的设计，汇总了2016－2018年全国31个省会城市少数民族基本民生问题调研的相关数据，通过计算得出全国省会城市少数民族民生测评指数（见表4－2）；并按照综合评价指数值的得分大小排列，非常清晰地反映了全国省会城市少数民族基本民生问题状况及各自所处的发展位次（详见表3－6我国31省会城市少数民族民生测评指数排名）。

表3-6 我国31省会城市少数民族民生测评指数排名

省区市	居民生活	公共服务	公共安全	生态文明	民意感知	民生总指数	
	均数值	均数值	均数值	均数值	均数值	均数值	排名
北京	70.5	74.8	75.6	72.9	78.8	74.5	24
天津	71.3	73.8	74.7	73.7	78.7	74.4	25
石家庄	68.6	72.0	72.6	78.7	76.6	73.7	30
上海	72.3	76.4	77.1	77.1	80.4	76.7	2
济南	72.0	73.0	73.2	73.2	79.5	74.1	28
南京	71.9	74.4	75.8	76.0	79.3	75.4	12
杭州	71.8	74.0	75.2	76.8	79.0	75.3	14
福州	71.8	74.4	75.0	79.2	77.2	75.5	10
广州	70.0	74.0	75.6	75.9	78.1	74.7	19
海口	69.7	74.1	75.6	82.5	77.5	75.8	8
东部平均	71.1	74.3	75.2	75.4	78.7	74.9	—
郑州	69.8	72.7	73.1	72.1	76.8	72.9	31
太原	69.6	73.2	73.8	74.7	77.7	73.8	29
武汉	70.8	74.2	75.4	74.6	78.1	74.6	23
长沙	71.1	74.1	74.4	77.1	77.3	74.8	18
合肥	72.2	74.7	75.0	76.4	79.6	75.5	11
南昌	72.2	75.0	75.7	77.6	79.2	75.9	6
中部平均	70.9	74.0	74.6	75.4	78.1	74.6	—
呼和浩特	77.7	73.1	73.2	76.6	79.3	75.9	7
南宁	69.2	74.3	75.2	76.7	79.9	75.0	17
重庆	70.9	73.6	74.4	77.3	77.6	74.7	20
成都	70.8	73.7	74.7	76.2	78.2	74.7	21
昆明	70.6	74.1	75.6	78.7	77.2	75.2	15
贵阳	69.7	74.8	76.3	79.2	78.4	75.6	9

续表

省区市	居民生活	公共服务	公共安全	生态文明	民意感知	民生总指数	
	均数值	均数值	均数值	均数值	均数值	均数值	排名
拉萨	71.5	77.7	74.9	86.5	81.2	78.3	1
西安	70.9	74.9	74.0	75.9	77.9	74.7	22
兰州	70.4	74.3	74.9	74.1	77.9	74.3	27
西宁	70.8	75.5	75.3	80.3	79.1	76.2	3
乌鲁木齐	71.5	73.9	74.1	75.3	77.6	74.4	26
银川	71.9	74.4	75.4	82.3	77.2	76.2	4
西部平均	70.9	74.4	74.8	77.9	78.3	75.2	—
哈尔滨	71.6	73.3	76.7	77.0	78.6	75.4	13
长春	76.6	74.1	74.2	74.4	77.0	75.2	16
沈阳	72.6	74.6	76.0	76.6	78.6	75.6	5
东北平均	74.1	75.7	76.1	77.4	78.1	76.2	—

二、西部城市之间测评指标的对比分析

(一)西部城市"居民生活"指标对比分析

西部城市少数民族"居民生活"满意度指数均值为70.9,与中部地区并列第3,低于全国均值(71.1)。其中,高于西部平均值的是呼和浩特(77.7)、银川(71.9)、乌鲁木齐(71.9)和拉萨(71.9);重庆、西安与西部省会城市均值持平,均为70.9。低于西部均值的是成都(70.8)、西宁(70.8)、昆明(70.6)、兰州(70.4)、贵阳(69.7)和南宁(69.2)。西部"居民生活"满意度高于平均水平的省份中,呼和浩特、银川、乌鲁木齐和拉萨是少数民族聚居区。"居民生活"满意度与西部均值持平的重庆、西安是人均GDP在西部靠前省份

的省会城市，但调研显示其城市内的少数民族群体"居民生活"满意度尚未达到城市发展同一水平。成都、西宁、昆明和兰州等城市的经济生活满意度均有较大进步空间。"居民生活"满意度指数高低，既与所在地方经济发展水平相联系，又与所在城市民众对生活满意度各分项指标的期盼直接相联系。

"居民生活"满意度指数值从高到低依次为"居住环境"（79.2）、"娱乐休闲"（75.8）、"劳动就业"（73.5）和"收入消费"（71.3）。除"居住环境"（79.2）、"娱乐休闲"（75.8）满意度高于中值（75.0）外，其余2项指数均低于中值，尤其是"收入消费"满意度指数（71.3）远低于中值水平，这与其他区域省会城市的情况相似。西部省会城市"居住环境"（79.2）、"娱乐休闲"（75.8）满意度高于全国均值，"劳动就业"（73.5）和"收入消费"（71.3）均低于全国平均水平。（详见图3-3西部城市少数民族"居民生活"满意度条形图和表3-7西部城市少数民族"居民生活"满意度数值对比）

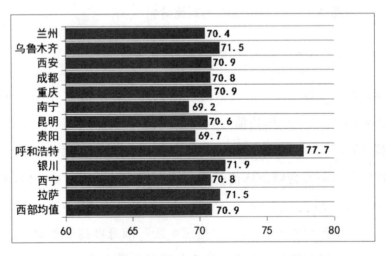

图3-3 西部城市少数民族"居民生活"满意度条形图

表 3-7 西部城市少数民族"居民生活"满意度数值对比

指标	指标等级	西部省会城市均值	全国省会城市均值
居民生活	一级指标	70.9 ↓	71.1
劳动就业	二级指标	73.5 ↑	73.4
收入消费	二级指标	71.3 ↓	71.7
娱乐休闲	二级指标	75.8 ↓	76.0
居住环境	二级指标	79.2 ↑	77.8

(说明:↑↓符号表示与全国省会城市均值相比,↑表示高于,↓表示低于)

(二) 西部城市"公共服务"指标对比分析

西部城市少数民族"公共服务"满意度数值(74.4)高于全国省会城市均值(74.2),在中国四大区域中居第二名。其中,拉萨(77.7)、西宁(75.5)、西安(74.9)、贵阳(74.8)、南宁(74.3)和兰州(74.3)高于西部省会城市均值;低于全国省会城市均值的有呼和浩特(73.1)、昆明(74.1)、重庆(73.6)、成都(73.7)和乌鲁木齐(73.9)。调查显示,西部省会城市居民的"社会保障""医疗服务"满意度均值超过全国省会城市均值,这说明满意度数值高低与经济发达程度不存在必然联系。经济增长在相当程度上为健全社会保障提供重要的物质基础,但它并不能全面真实反映百姓社会福利的各个方面。例如,经济较发达的重庆社会保障满意度较低,拉萨和西宁等经济相对不发达的城市社会保障满意度却较高。这表明与经济生活满意度一样,决定社会保障满意度各分项指标高低的因素具有多元化的特征。(详见表 3-8 西部城市少数民族"公共服务"满意度数值对比和图 3-4 西部城市少数民族"公共服务"满意度条形图)

表 3-8　西部城市少数民族"公共服务"满意度数值对比

指标	指标等级	西部省会城市均值	全国省会城市均值
公共服务	一级指标	74.4 ↑	74.2
文化教育	二级指标	73.2 ↓	74.0
医疗服务	二级指标	74.7 ↑	74.6
社会保障	二级指标	75.1 ↑	74.7
交通通信	二级指标	76.0 ↓	76.1

（说明：↑↓符号表示与全国省会城市均值相比，↑表示高于，↓表示低于）

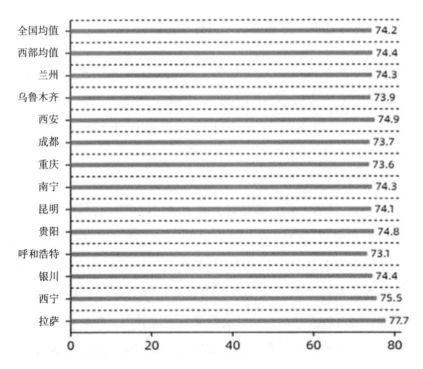

图 3-4　西部城市少数民族"公共服务"满意度条形图

（三）西部城市"公共安全"指标对比分析

西部城市少数民族"公共安全"均值（74.8）低于全国省会城市均值（74.2），在中国四大区域排名第三。贵阳（76.3）、昆明（75.6）、银川（75.4）、西宁（75.3）和南宁（75.2）高于全国省会城市均值，其余 7 市低于全国省会城市均值，特别是呼和浩特（73.2）排名西部 12 是末尾。

西部城市少数民族"总体安全"（87.9）大大超过全国省会城市均值（74.8）。"食品安全"均值（75.1）高于全国省会城市均值（74.6），但是西部各省会城市居民在食品安全满意度指标上相差较大。调查中发现，食品安全是相当多数城市居民感到困惑而又难以细说的问题，包括西部该项满意度较高的省会城市也有不少居民表达"很不满意"，有的被访者明确表示，城市中食品安全问题可能比农村市场稍好些，至少自上而下的食品监管还比较严格，总体上是放心的。西部城市少数民族"社会信任"（74.0）低于全国省会城市均值（75.1），估计是这个指标拉低了西部城市总体的"公共安全"均值数。（详见图 3－5 西部城市少数民族"公共安全"满意度条形图）（详见表 3－9 西部城市少数民族"公共安全"满意度数值对比）

表 3－9　西部城市少数民族"公共安全"满意度数值对比

指标	指标等级	西部省会城市均值	全国省会城市均值
公共安全	一级指标	74.8↓	75.0
总体安全	二级指标	87.9↑	74.8
食品安全	二级指标	75.1↑	74.6
社会信任	二级指标	74.0↓	75.1

（说明：↑↓符号表示与全国省会城市均值相比，↑表示高于，↓表示低于）

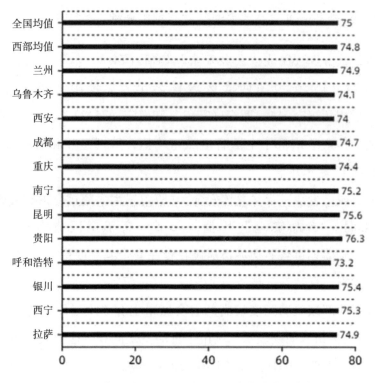

图3-5 西部城市少数民族"公共安全"满意度条形图

（四）西部城市"生态文明"指标对比分析

西部城市少数民族"生态文明"满意度数值（77.9）高于全国省会城市均值（76.2），在中国四大区域中排名第一。西部有8个城市高于全国均值，即拉萨（86.5）、银川（82.3）、西宁（80.3）、贵阳（79.2）、昆明（78.7）、重庆（77.3）、南宁（76.7）和呼和浩特（76.6）。成都（76.2）与全国省会城市持平。西安（75.9）、乌鲁木齐（75.3）和兰州（74.1）三市低于全国省会城市均值。（详见表3-10西部城市少数民族"生态文明"满意度数值对比）（详见图3-6西部城市少数民族"生态文明"满意度条形图）

表 3-10 西部城市少数民族"生态文明"满意度数值对比

指标	指标等级	西部省会城市均值	全国省会城市均值
生态文明	一级指标	77.9↑	76.2
空气质量	二级指标	78.3↑	73.4
水质达标	二级指标	78.2↑	77.8
垃圾处理	二级指标	76.5↑	74.5

（说明：↑↓符号表示与全国省会城市均值相比，↑表示高于，↓表示低于）

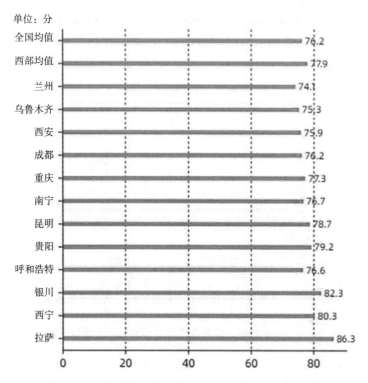

图 3-6 西部城市少数民族"生态文明"满意度条形图

（五）西部城市"民意感知"指标对比分析

西部城市少数民族"民意感知"满意度数值（78.3），在中国四大区域中排名第二，低于全国省会城市均值（78.4）。拉萨（81.2）、呼和浩特（79.3）、南宁（79.1）和西宁（79.1）高于全国省会城市均值；贵阳（78.4）与全国省会城市持平；其余7市均低于全国均值。（详见图3-7西部城市少数民族"民意感知"满意度条形图和表3-11西部城市少数民族"民意感知"满意度数值对比）

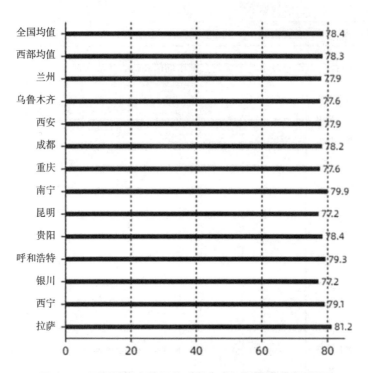

图3-7 西部城市少数民族"民意感知"满意度条形图

表3-11 西部城市少数民族"民意感知"满意度数值对比

指标	指标等级	西部省会城市均值	全国省会城市均值
民意感知	一级指标	78.3 ↓	78.4
幸福感	二级指标	81.9 ↑	73.5
认同感	二级指标	78.3 ↑	77.9
信心度	二级指标	74.7 ↓	75.1

（说明：↑↓符号表示与全国省会城市均值相比，↑表示高于，↓表示低于）

第四章　西部城市客观民生问题

西部城市是我国西部乡村走向现代化的前沿阵地。西部城市的民生发展在整个国家的民生建设中占有重要的引领作用。近年来，我国西部城市民生水平有了大幅度的提升，但与其他发达省市相比，差距仍然较大，有些差距还在进一步扩大。同时，西部城市内部民生发展水平也不平衡。[①] 客观、公正地评价各西部城市民生发展状况，对于科学确定各西部城市的民生发展思路，充分发挥各自优势，实现西部城市快速、健康和可持续发展，具有重要意义。

第一节　西部城市少数民族"居民生活"

课题组设计了四省会城市少数民族"居民生活"测评调查项目，从"劳动就业""收入消费""娱乐休闲"和"居住环境"四个维度进行分析。（详见表4-1）

---

① 付蓓，韦怀远. 建国初期广西民族地区民生问题研究［J］. 湖北民族学院学报（哲社版），2013，（1）.

表 4 - 1　四省会城市少数民族"居民生活"调查项目及得分①

调查项目	幸福感调查题目	单项得分	平均得分
劳动就业	对自己目前工作是否满意	4.30	4.2
	自己从事的职业受尊重吗	4.41	
	是否签了劳动合同	3.98	
收入消费	对目前收入的满意度	4.24	4.26
	上一年家庭消费支出承受能力	4.28	
娱乐休闲	文娱时间充裕度	3.98	4.05
	目前最主要的生活压力	4.12	
居住环境	目前居住房屋产权	3.70	3.8
	住房宽敞度	3.91	

一、劳动就业

(一) 对自己目前工作是否满意

63.3%受访者对自己目前工作表示满意（比较满意45.2%和非常满意18.0%之和）；29.1%对目前工作满意程度"一般"；只有7.6%受访者表示对目前工作不满意（"比较不满意"6.0%，"非常不满意"

---

① 评分标准说明：为了直观展示每个调查题目得分，把问题区分为正向问题和负向问题，分别计分。汇总每个问题得分计算分平均，分值区间为1—5分，分值越高越好。正向问题，"非常符合"计5分，"比较符合"计4分，"不清楚"计4分，"不太符合"计2分，"很不符合"计1分。负向问题，"非常符合"到"很不符合"计1 - 5分，以此类推。后面章节相关评分标准一致，不再重复说明。

1.6%）。（详见图 4 - 1 西部城市少数民族受访者对自己目前工作满意度）

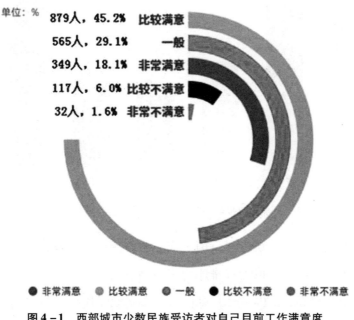

单位：%

879人，45.2% 比较满意
565人，29.1% 一般
349人，18.1% 非常满意
117人，6.0% 比较不满意
32人，1.6% 非常不满意

● 非常满意　● 比较满意　● 一般　● 比较不满意　● 非常不满意

图 4 - 1　西部城市少数民族受访者对自己目前工作满意度

不同性别受访者的工作满意度相差不大。数据表明，女性受访者均值为 3.85 分，男性受访者均值为 3.88 分，略高于女性。但从总体来看，男女受访者对工作满意度都很高。

从不同年龄对自己目前工作满意度，处于 30—49 岁中年群体受访者对工作满意度最低。不同年龄段的受访者对工作满意度均值都在 3.8 分以上。由于目前我国居民退休年龄多在 55 岁或 60 岁，所以 60 岁以上的受访者的工作满意度不在考察之列。在 60 岁以下的受访者中，对工作满意度最低的是年龄在 40—59 岁的受访者。（详见图 4 - 2 西部城市少数民族不同年龄受访者对目前工作满意度）

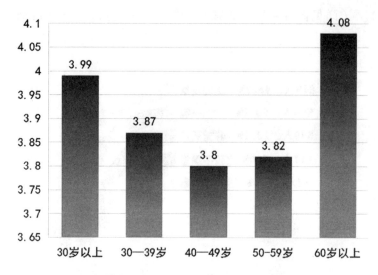

图 4 - 2   西部城市少数民族不同年龄受访者对目前工作满意度

　　不同教育背景受访者对目前工作满意度的测试，差异巨大。根据调研问卷得分情况，可以大致排序为三个满意区间。小学及以下学历受访者问卷得分最高（3.94 分），对目前工作满意度最高。初中到大学本科受访者问卷得分为满意度中位区间，得分 3.82—3.88 之间，对目前工作满意度中等持平。接受学校教育时间最长的研究生及以上学历受访者，对自己目前的工作满意度得分 3.65 分。三个学历排位呈现学历越高对目前工作满意度越低的怪圈。在不同学历的受访者中，研究生及以上学历对目前工作满意度最低。目前的工作能否给予就业者未来职业晋升机会、专业发展平台是否有利、目前收入能否入家人过上体面生活，这些都是影响工作满意度的因素，也可以从这个角度透视社会上年轻人频繁跳槽现象。（详见图 4 - 3 西部城市少数民族不同学历受访者对目前工作满意度）

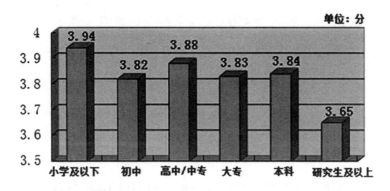

图4-3 西部城市少数民族不同学历受访者对目前工作满意度

从不同收入受访者对目前工作的满意度，收入为2000元内受访者对工作满意度均值最高，为3.92分。问卷结果显示，收入与工作满意度不一定成正向比例，收入为2000元内受访者多数对工作没太高要求，关注点在有工作有活干，所以对目前工作的满意度与个人具体生活状况有关。当然收入的高低体现自己的工作能力和单位对自己工作的肯定程度，所以2000元内受访者以外的其他收入段群体对目前工作的满意度大体是同步正向发展。收入在2001—3000元之间的受访者对工作满意度最低（3.45分）。收入为3001—4000元的受访者，他们对工作满意

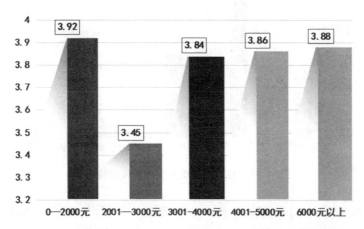

图4-4 西部城市少数民族不同收入受访者对目前工作满意度

度均值为 3.84 分。收入为 4000 元以上的受访者对工作满意度均值为 3.86 分，虽然低于收入 2000 元以内的受访者，但高于其他收入群体的受访者。（详见图 4-4 西部城市少数民族不同收入受访者对目前工作满意度）

（二）自己从事的职业受尊重吗?

关于受访者的职业受尊重程度评价，我们以 1—5 分对"很不受尊重"至"非常受尊重"进行赋分，结果显示，超过七成的受访者认为自己的职业比较受尊重，有 17.1% 的受访者认为自己的职业非常受尊重，有 53.2% 的受访者认为自己的职业比较受尊重，有 5.1% 受访者认为自己的职业不太受尊重，有 1.1% 受访者认为自己的职业很不受尊重。（详见图 4-5 受访者的职业受尊重程度评价）

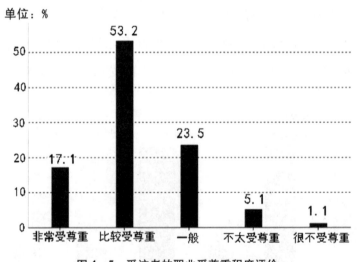

图 4-5 受访者的职业受尊重程度评价

表 4-2 "不同职业受访者职业受尊重程度评价均值"显示，不同职业受人尊重的程度存在显著差异，不同职业受尊重程度评价均值为

3.77 分。

表 4 - 2　不同职业受访者职业受尊重程度评价均值

职业类型	均值（分）	职业类型	均值（分）
离退休人员	5.00	专业技术人员	3.85
现役军人	3.95	商业服务人员	3.82
党政企业单位负责人	3.91	个体经营人员	3.80
大学生	3.88	生产运输工人	3.76
办事人员和有关人员	3.79	农林牧渔水利	3.57
自由职业者	3.78	无业人员	2.21
平均分	3.77	—	—

离退休人员、现役军人和党政企业单位负责人的职业受尊重程度排位前三名，得分均值分别是 5.00 分、3.95 分和 3.91 分。其中，职业受尊重程度评价低于均值平均分，职业受尊重程度排在末尾三位的是：无业人员（2.21 分）、农林牧渔水利（3.57 分）和生产运输工人（3.76分）。职业受尊重程度评价处在中上等排位的是：大学生（3.88 分）、专业技术人员（3.85 分）和商业服务人员（3.82 分）。大学生虽处于求学阶段，但是专业的知识储备预示未来良好就业趋势，所以大学生在社会上还是受尊重程度还是颇高的，达到 3.88 分。

（三）是否签了劳动合同？没签劳动合同原因

劳动合同是保障劳动者权益的重要依据，也是保障劳动者权益的有效途径，但劳动合同的签订与执行一直是外来少数民族农民工劳动保障的一个薄弱环节。近年来，国家高度重视劳动者劳动合同签订工作，地方各级政府加大了劳动执法监察监督工作力度，违反劳动合同法的事例逐步减少。本次调研发现，城市少数民族居民里劳动合同签订率仍然很低，在对此做出明确回答的889人中，有482人没有签订劳动合同，占54.2%。（详见表4-3被访者劳动合同签订情况统计表）

表4-3 是否签了劳动合同以及没签劳动合同的原因

项目内容		人数	比例
您是否签了劳动合同（样本数：889人次）	签了	407	45.8%
	没有签	482	54.2%
没有签劳动合同的原因（样本数：462人次）	签了也没有用	146	31.6%
	手续太麻烦	158	34.1%
	不想受约束	33	7.1%
	老板不让签	115	25.0%
	其他原因	10	2.2%

没有签订劳动合同的原因是多方面的，我们对该问题进行了进一步的调查，发现这其中原因非常复杂，有少数民族农民工主观认识的原因，占72.8%。农民工没有依法签订劳动合同，一旦发生劳动纠纷，维权难度便会倍增，使得本来就十分艰难的劳动者维权问题，变得更加困难，于此便时常发生农民工维权过程中的各种事件，严重影响劳动者的务工环境和社会的和谐与稳定。

二、收入消费

（一）对目前收入状况的满意度

此次调查将个人月收入划分为5个区间，分别为无收入、1—2000元、2001—4000元、4001—6000元、6000元及以上。在接受调查的受访者中，除去未透露自己月收入和无月收入二部问卷之外，数据显示："月收入在1—2000元"和"月收入在6000元以上"两大收入区间的人数比例大致相等，分别是16.6%和16.4%左右，45.3%受访者"月收入集中在2001—6000元区间"，收入呈现"两头小中间大"人数比例。（详见图4-6受访者月收入分布）

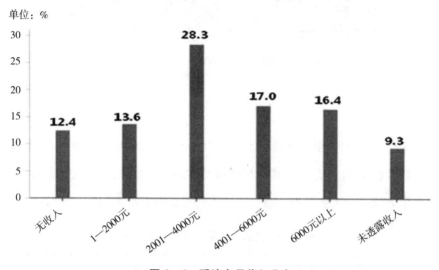

图4-6　受访者月收入分布

　　关于被访者对目前收入状况的满意度评价，剔除"无收入""未透露收入"两选项问卷，"对自己目前的收入状况满意"的比例占全体受访者30.7%（6.4%非常满意 +24.3%比较满意）；"对自己目前的收入状况不满意"的比例占全体受访者37.8%（12.9%非常不满意 +24.9%比较不满意）；计算发现，受访者对自己的收入满意的占总样本数的30.7%，对自己的收入不满意的占总样本数的37.8%，对自己目前的收入表示一般的占总样本数的31.5%。"满意""不满意""一般"三种看法处于均衡态势，均超过30%百分比。（详见图4-7被访者对目前收入状况的满意度）

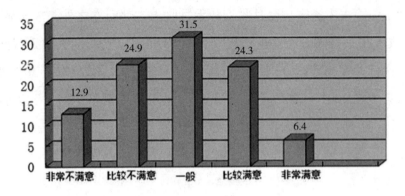

图 4 - 7　被访者对目前收入状况的满意度

（二）上一年家庭消费支出承受能力

受访家庭上一年家庭消费支出，指以满足自身和家庭成员需要为目的，惯常性的消费支出。课题组把城市少数民族居民消费支出简单归纳为十个方面。（详见表 4 - 4 过去一年家庭消费支出去向）

表 4 - 4　过去一年家庭消费支出去向

家庭消费支出	百分比（%）
主副食品开支	35.3
教育支出	15.3
医疗费用支出	11.1
收入寄回家乡	8.9
人情支出	8.1
交通通讯支出	7.4
娱乐与旅游支出	4.5
其他	4.3
房屋租金	3.8

其中消费支出排前三的分别是"主副食品开支"（35.3%）、"教育支出"（15.3%）和"医疗费用支出"（11.1%），三项消费合计占全部消费61.7%。另外，有8.9%的受访家庭支出在"收入寄回家乡"，这符合一部分少数民族农民工进城打工挣钱养家模式，家乡留守的老人小孩需要这笔收入维持正常生活运转。在所有的支出里"人情支出"占全部消费比例的8.1%，人情支出均值排名前三的民族分别是壮族（2600元/年）、满族（2200元/年）和侗族（1820元/年），人情支出最少的民族是藏族（1100元/年）。壮族、蒙古族、土家族等许多民族没有回答该问，作为缺值不计入样本量。下面重点分析消费支出前三的"主副食品开支""教育支出"和"医疗费用支出"。

1. 主副食品月消费支出分析

此次调查将主副食品月消费支出划分为5个区间，分别是1000元及以下、1001—1500元、1501—2000元、2001—3000元、3000元以上。其中，受访家庭主副食品月消费支出在1000元以下的占11.3%；受访家庭主副食品月消费支出在1001—1500元区间的占47.6%；受访家庭主副食品月消费支出在1501—2000元区间的占26.6%；受访家庭主副食品月消费支出在2001—3000元区间的占5.6%；受访家庭主副食品月消费支出在3000元以上的占8.9%。接近五成的受访家庭主副食品月消费支出在1001—1500元区间。另外，在西部省会城市，受访家庭主副食品月消费支出在1000元以下的占一层左右，这部分少数民族居民是需要政府特别关注的生活困难群体。（详见图4-8受访家庭主副食品月消费支出）

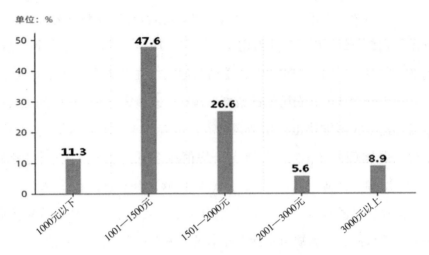

单位：%

图4-8   受访家庭主副食品月消费支出

2. 受访家庭教育消费支出承受能力

分析教育消费支出承受能力，先去除没有教育消费支出的受访家庭样本，有五成受访家庭表示能承受所支付的教育费用（17.1%完全能够承受、33.6%可承受），有23.3%的受访家庭表示不能承受所支付的教育费用（6.8%完全不能承受教育费用、16.5%不太能承受教育费用）。（详见图4-9受访家庭教育消费支出承受能力）

完全能承受 **17.1%**

可承受 **33.6%**

完全不能承受 **6.8%**

不太能承受 **16.5%**

●完全能承受　●可承受　●完全不能承受　●不太能承受

图4-9   受访家庭教育消费支出承受能力

94

3. 上一年受访家庭医疗费用年支出承受能力

剔除上一年无医疗费用支出的受访家庭，有26.31%受访家庭表示"可以承受，比较轻松"年支出医疗费用；8.1%受访家庭表示医疗费用年支出"完全能承受，很轻松"；15.4%受访家庭表示医疗费用年支出"不太能承受，压力较大"；11.5%受访家庭表示医疗费用年支出"完全不能承受，压力很大"。（详见图4-10上一年受访家庭医疗费用年支出承受能力）

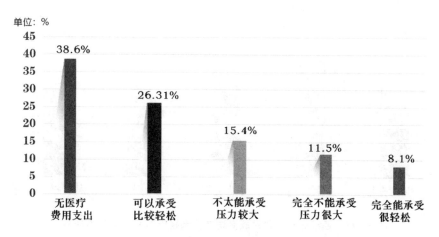

图4-10　上一年受访家庭医疗费用年支出承受能力

三、娱乐休闲

（一）文娱时间充裕度

娱乐休闲活动是西部城市少数民族调节身心健康的重要方式之一，能否自由使用时间是决定个体幸福感的重要决定因素。关于西部城市少数民族受访者娱乐休闲充裕度的评价，我们以1-5分为"几乎没有"至"非常充裕"赋值，求得受访者休闲娱乐时间充裕度的均值为2.84

分，低于充裕度的中间值（3分）。调查发现，有四成的西部城市少数民族受访者认为休闲娱乐时间是充裕的；超过四成（41.3%）的受访者认为休闲娱乐时间不充裕（19.7%一年到头"几乎没有"休闲娱乐时间 + 21.6%"不太充裕"）。有18.7%的受访者认为自己的休闲娱乐时间"一般"。总体而言，目前西部城市少数民族的休闲娱乐时间充裕度较低。（统计结果详见图4－11西部城市少数民族受访者休闲娱乐时间充裕度的分布）

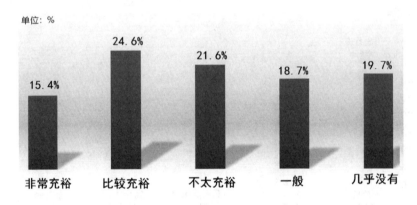

单位：%

图4－11　西部城市少数民族受访者休闲娱乐时间充裕度的分布

（二）目前最主要的生活压力

今天，快节奏的生活方式、较为激烈的社会竞争，或多或少让生活在西部城市的少数民族群体感受到了压力。如果压力超出了个人可以支配的能力与可以利用的资源，那么无论在身体上还是在心理上都会给人们的生活带来相应的负面影响。不同群体面对的生活压力也是不同的，为了更好地了解与分析西部城市少数民族的生活压力，本课题组对受访者的生活压力来源进行了调查。结果显示，受访者生活压力的最主要来源是物价上涨，近五成（47.7%）；其次，有44.3%的受访者认为缘于家庭收入低，工作压力和教育费用成为受访者生活压力来源的第三位，占比均为30.3%，其中工作压力包括无业、失业或工作不稳定等方面。此外，子女升学压力、住房、赡养老人负担过重、人情支出大等方面的问题也成为受访者一定比例上的生活压力来源。（见图4－12 受访者目前最主要的生活压力）

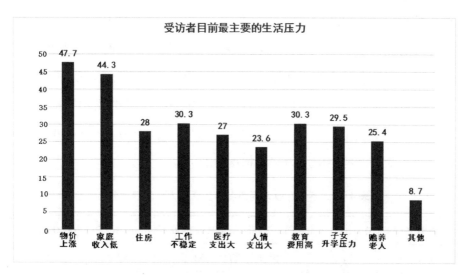

图4－12　受访者目前最主要的生活压力

　　不同年龄层次的受访者感知生活中的压力是不同的，20—39岁这一年龄段的群体逐渐成为家庭中的主力成员，承担着教育子女与赡养老人的责任，物价上涨和家庭收入低是其主要生活压力的来源。40—59岁年龄层次的群体，他们的生活压力也来自物价上涨和家庭收入低，同时他们也承担着子女教育的重任，因此，教育费用与孩子升学问题也成为其生活压力的来源之一。60岁以上年龄层次的受访者认为其生活压力的最主要来源为物价上涨，其次为医疗支出大，且随着年龄的不断增大，医疗支出大在众多生活压力来源的选择中占比例会持续走高。关于生活成本与生活压力的关系，从生活成本的角度考虑，通过分析受访者的生活成本与所承受的生活压力来源的相关性可以得出，家庭主副食品购买月支出与生活压力之间没有显著的相关性，也就是说两者之间没有影响。而家庭教育支出和医疗支出与所承受的生活压力来源呈现显著正相关系，即家庭教育支出和医疗支出越高，其所承受的生活压力越大。

课题组还通过不同月收入受访者问卷，厘清生活压力的最主要来源。月收于在 2001—3000 元、3000 元以下的群体中，有 55.1%、58.6% 的受访者认为生活压力主要来自家庭收入低。而月收入在 3001 元及以上受访者的主要生活压力来源于物价上涨。收入低的受访者生活压力源自多个方面，其中物价、收入、工作、医疗等方面的选择比例均在 30% 以上，低收入群体承受着多重叠加的生活压力。（见表 4 - 5 不同月收入受访者的生活压力来源情况分布）

表 4 - 5　不同月收入受访者的生活压力来源情况分布

压力来源	0—2000 元	2001—3000 元	3001—4000 元	4001—6000 元	6000 元以上
物价上涨	48.2	49.7	51.5	43.5	44.9
家庭收入低	55.1	58.6	40.3	35.8	25.6
住房	27.0	37.7	26.0	27.1	20.4
工作不稳定	35.8	34.2	37.3	35.6	19.2
医疗支出大	33.2	33.1	20.4	24.9	16.5
人情支出大	23.6	30.4	18.9	17.7	28.5
教育费用高	38.0	29.7	23.2	29.5	29.0
子女升学压力	33.4	25.7	26.4	30.4	28.9
赡养老人负重	27.7	27.2	16.6	23.3	28.0
其他	11.5	4.8	8.0	7.6	10.2

四、居住环境

（一）目前居住房屋产权情况

被访者目前城市的居住状况，既可以反映出他们的就业稳定度和收入水平，也可以反映出他们对于未来生活的设想。从调查可知，被访者所居住的房屋是已购买住房占 59.4%；被访者所居住的房屋是租赁的占 25.7%；居住在雇主提供的住处中占 9.4%，这些被访者很大一部分属于建筑施工队的建筑工，还有一些是服务或加工业的青年单身雇工。除了上述居住方式，还有一部分人借住亲友家中，这部分比例不高，仅仅占全体受访者 2.9%。此外，还有 2.5% 的受访者自建住房。（详见表 4-6 西部城市少数民族住房情况分类）

下面专门就进城的少数民族流动人口住房状况展开分析。

表 4-6　西部城市少数民族住房状况

住房状况	本市户籍		外地户籍		合计	
	人数	%	人数	%	人数	%
已买住房	1106	72.9	47	11.3	1153	59.4
租房	227	14.97	273	64.08	500	25.7
雇主提供	90	5.94	93	21.82	183	9.4
借住亲友家	48	3.17	10	2.34	58	2.9
自建住房	45	2.96	3	0.70	48	2.5
合计	1516	100	426	100	1942	100

少数民族来到城市后，其立足的首要任务就是找到住处。住房类型在很大程度上能够反映流动人口进入城市之后在该城市居住与工作的时

间长短，能够表征其流动性的强弱。

住在单位房和工棚的被访者，大多是暂时居住，工作的流动性最强。定居性最强的是在城市购置了住房，租房的定居性介于二者之间。学术界往往把流动人口的居住类型划分为两类，即工棚宿舍型和社区租借型。在此次调查中发现有一些流动人口已在城市购置了住房，因此，我们将少数民族流动人口的居住类型划分为三类：工棚宿舍型、社区租借型和自购房型。统计结果表明，西部省会城市少数民族流动人口中64.08%的受访者是租借型住房，包括租赁公房、租赁私房和集中居住小区。属于雇主提供的宿舍工棚型的占21.82%，属于自购房型的只占0.7%（见上表）。统计结果充分表明了住房类型与流动性之间的关系。能在城市拥有自购房表明这0.7%的少数民族经济收入较高，已经从流动转为稳定。

自购房的比例与学历呈正相关。在自购房的群体中，研究生学历占29.7%，大专或本科学历占到2.6%，高中或中专学历占到19.3%，初中学历占到17.3%，小学学历占5.1%。以高中学历为分界点，大专及以上学历的在沪买房占总人数的58.3%。由此可见，少数民族流动人口学历越高，在城市购房的比例越大。

因此，从某种程度上来说，租房居住可被视为是从临时性向长期性居住的过渡形式。同时，在城市时间的增加意味着他们在城市的工作年限的上升，个人人力资本得以积累，随之增长的网络性社会资源也使他们更加便捷地获取工作信息，这些将逐步改善个人的收入与财富水平。调查显示，相当部分的城市少数民族更加倾向自己租房居住，良好的居住环境使居住更有生活稳定性。

（二）目前住房宽敞度

表 4-7 显示，近半数的少数民族流动人口居住面积在 20 平方米以下，其中居住面积在 10 平方米以下（包含 10 平方米）的占到 15%，面积在 11—20 之间的占 32%，面积在 21—30 之间的占 16%，面积在 31—50 之间的占 11%，面积在 51 以上的占 26%。

面积在 50 平方米以上的住房大多位于城乡接合部，房屋面积较大，租房形式多为合租形式，人均实际住房面积较小。从居住设施来看，大约 40% 以上流动人口住房内拥有独立厨房、独立厕所、独立洗浴间，生活较为便利。在出租房内，大多为合用住房设施，可见，少数民族流动人口住房内的配套设施较为齐全，但大多数为共用设施。

表 4-7 被访少数民族流动人口住房面积

居住面积	占比（%）
0—10 平方米	15
11—20 平方米	32
21—30 平方米	16
31—50 平方米	11
51 平方米以上	26

第二节 西部城市少数民族"公共服务"

为了进一步分析西部省会城市少数民族群体接受公共服务的状况，课题组从文化教育、医疗服务、社会保障和交通通信等四方面来展开讨论。（详见表 4-8 四省会城市少数民族"公共服务"调查项目及得分）

表4-8 四省会城市少数民族"公共服务"调查项目及得分

调查项目	幸福感调查题目	单项得分	平均得分
文化教育	对义务教育现状满意程度	4.52	4.60
	上学单程时间	4.80	
	汉语汉字水平	4.91	
	民族文化传承与保护	4.20	
医疗服务	普通小病选择去哪级医院	4.3	4.03
	在就医过程中遇到的困难	4.1	
	医院看病价格是否合理	3.7	
社会保障	对社保制度满意率	4.2	3.77
	目前已购买哪种保险	3.6	
	对社保制度最不满意地方	3.3	
	最青睐哪种养老模式	4.0	
交通通信	日常出行方式	4.5	4.2
	居住地交通拥堵情况	3.9	
	你家宽带速度怎样	3.8	
	微信软件的使用度	4.6	

一、文化教育

(一) 对义务教育的满意度

西部城市少数民族家庭对现代正规学校教育的接受程度越来越高，在此次调研中有家庭成员正在接受规教育的，占总数的74.9%；当前没有家庭成员正在接受正规教育的比为25.1%。（详见图4-13目前是否有家庭成员正在接受正规教育情况）

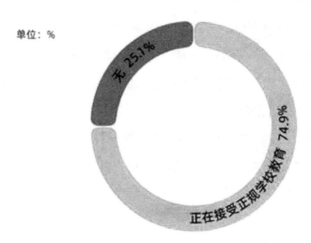

单位：%

无 25.1%

正在接受正规学校教育 74.9%

● 正在接受正规学校教育 ● 无

图 4-13 目前是否有家庭成员正在接受正规教育情况

目前有家庭成员正在接受正规教育家庭中，所接受的教育阶段包括幼儿园、小学、初中、高中、中专/高职、大学，其中小学阶段与初中阶段的在读生家庭比率最高，达到24.37%和22.9%，而拥有在读大学生家庭的比例为10.9%。（详见图4-14被访家庭成员接受正规教育的不同阶段统计）

幼儿园　246人 16.7%

小学　353人 24.3%

初中　334人 22.9%

高中　303人 20.8%

中专/高职　62人 4.4%

大学　158人 10.9%

图 4-14 被访家庭成员接受正规教育的不同阶段统计

　　对于"义务教育现状满意度"的调查结果显示，表示"非常满意"的占 70.2%，感到"比较满意"的占 22.9%，感觉"一般"的占 5.55%，感到"比较不满意"的只占到 0.84%。整体来看，表示"满意"（非常满意与比较满意之和）家庭占比 93.1%，而表示"不满意"的家庭不到 1% 的比例，其中"非常不满意"的受访家庭更是为 0.51，这充分表明了西部城市少数民族居民对当前免费义务教育的肯定和赞赏。（详见图 4-15 被访者对义务教育评价）

单位：%

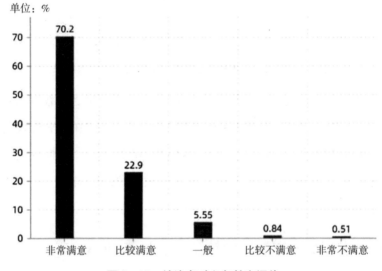

图 4-15　被访者对义务教育评价

（二）上学单程时间

　　社会公共资源配置状况是公共服务的基础和前提。近几年，尤其是十八大以来，各地政府都在努力推进"公共服务均等化"，公共资源也逐步下沉和扁平化。西部地区城市各城区、街道致力于打造的公共服务圈，在客观上促进了公共资源的重新配置，基本构筑起一张比较健全的社会服务网络，这为城市各类家庭获得相关服务创造了条件。

基本公共服务是体现国家职能、提升和改善社会成员生活质量的重要举措，因此也是促进社会参与、建设现代社会治理体系的重要内容。新时代以来，民族地区基本公共服务的普及率、覆盖面和便利程度得到较大提高。问卷调查表明，城市大部分受访家庭能够在3公里内获得教育、医疗、公共治安、活动中心、农贸市场、公共交通、通信、农村金融等公共服务。

在"步行15分钟所能达到的教育机构"的回答中，学前教育及义务教育机构占比基本在50%以上，以幼儿园的比例最高，为84.1%。高中教育机构占比较低，未超过15%，这说明基础教育资源在基层分布较为广泛，城市少数民族家庭无论居住生活在何处，都能在较短时间内到达。同时，也说明城市少数民族家庭比较重视子女教育，为了让子女能够便捷地享受教育资源，必然选择距离这些教育机构较近的地方居住，随着学段的提升，教育资源数量客观上也在相应减少，步行到达高中学校的时间也会相应增加，目前西部城市许多示范性高中都实行住宿制管理方式，有效解决了抵达学校不方便问题。（详见表4-9步行15分钟所能达到的教育机构）

表4-9　步行15分钟所能达到的教育机构

公共资源类型	步行15分钟能到达以下教育机构情况			
	是	占比%	否	占比%
幼儿园	207	84.1	39	15.9
小学	276	78.4	77	21.6
初中	168	50.3	166	49.7
高中	42	13.9	261	86.1

（三）汉语汉字水平

调查显示，在受访的 1942 位少数民族居民中，68.0% 受访者汉语熟练程度好。其余 32% 的少数民族居民使用汉语不流利，其中完全不会汉语的少数民族居民共计 100 位，占总人数比例的 5.1%；熟练程度较差的少数民族共计 57 位，占总人数比例的 2.9%；熟练程度一般的少数民族共计 345 位，占总人数比例的 17.8%；熟练程度不太好的少数民族共计 120 位，占总人数比例的 6.2%。（详见图 4 - 16 使用汉语的熟练程度）

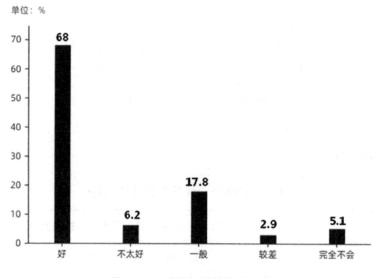

图 4 - 16　使用汉语的熟练程度

调查显示，在受访的 1942 位少数民族居民中，阅读汉字没有困难的少数民族居民共计 1458 人，占比为 75.1%；存在阅读困难的少数民族居民共计 484 人，占比为 24.9%。（详见图 4 - 17 阅读汉字是否存在困难）

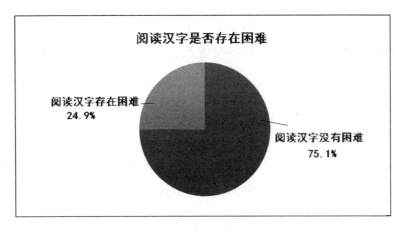

图 4 - 17　阅读汉字是否存在困难

（四）民族文化传承与保护

多元一体的中华民族，在历史长河中创造了丰富多彩、一体多元的
中华文化及其有机组成部分的五彩斑斓的民族文化。在保护传统文化、
建设现代公共文化服务体系、大力发展文化产业的背景下，民族地区文
化建设成为全面小康社会建设的重要内容。注重民族文化、地域文化的
传承与保护，越来越成为大家的共识。在问及"当开发旅游资源和保
护本民族文化遗产发生冲突时，您倾向于以下哪种态度?"时，超过一
半（56%）的受访者赞同"保护本民族传统文化为主，不应过度商业
化"的观点,；也有 26.6% 的受访者同意"以发展经济为主，提高现代
生活水平为主"；还有 17.3% 的受访者表示"不好说"。从 2016 年到
2018 年在西部四个省会城市调研看，少数民族赞同"保护本民族传统
文化为主不应过度商业化"的人数占比逐年提高，对本民族文化遗产
的保护问题得到大多数民族同胞重视。

传统服饰、传统民居、传统节日是最具特色的少数民族三种文化类
型。在样本量超过 30% 的 41 个受访民族中，有 31 个受访民族的受访者

选出的本民族最具特色的少数民族文化类型为上述三项，只是在排序上略有差别。也有部分受访民族的受访者给出了不同的选择，彝族受访者将宗教活动习俗列为前三位；苗族、壮族、毛南族的受访者则将传统生产方式列入前三位；满族、京族的受访者均把传统文娱活动、传统饮食列入前三位。

传统民居、传统服饰和传统节日同时也是受访者普遍认为需要政府给予保护的传统文化类型。但各受访民族受访者的建议也存在差异。蒙古族（15.4%）、彝族（25.9%）受访者建议政府保护其宗教活动习俗的人数比例高于其他民族；白族、纳西族、土族、达斡尔族、怒族的受访者都将本民族的人生礼仪列为需要政府给予保护的三项传统文化之一。从地方政府保护当地文化和少数民族文化的效果来看，总体上有74.5%的受访者表示满意，表示不满意的人仅占7.3%。

在接受本民族语言、文化及风俗习惯的意愿方面，农村受访者家庭子女的意愿相比城镇受访者家庭子女更强，但并不悬殊。少数民族家庭子女的意愿也相对要比汉族家庭子女的意愿更强。总体而言，受访者家庭子女愿意接受本民族语言、文化及风俗习惯等的意愿由强到弱依次是语言文字（87.6%）、风俗习惯（86.5%）、特色手工艺（81.1%）、宗教信仰（70.7%）。

受访者在回答"了解本民族和其他民族的民俗文化的主要渠道"问题时，60.3%的受访者首选"家庭邻里和亲朋好友等群体日常活动"来了解，其次分别是电视机互联网（13.7%）、村庄或社区的公共文化活动（13.5%）；将旅游展示、图书报刊、政府部门的保护项目等列为主要渠道的受访者比例很低，分别仅为2.2%、1.7%和0.6%。由此看出，在增进各民族向民俗文化的相互了解方面，还需要加大来自政府、社会组织、企业等多主体的公共文化服务供给，拓宽各民族民俗文化的宣传与传播途径，适应民族地区人口流动速度加快的形势。

二、医疗服务

医疗服务能否满足人们就医需要，很重要的一个评判标准就是能否破解长期困扰在老百姓心头的"看病难、看病贵"问题，让老百姓"看得起病，看得好病"。

"看病难"原来是指由于自然地理条件阻隔，本地缺医少药，病人无法在当地接受正常医疗诊断服务，被迫到离家较远的地方就医。"看病难"根据成因的不同可以分为两大类型：一种"看病难"是指医疗卫生人才储备不足，基本的医药资源短缺，无法满足人们就近看病的"看病难"。目前这种状况比较少，仅仅在一些地理条件恶劣、高海拔的贫困乡村存在。另一种人们常挂在嘴边的"看病难"，是特指患者对优质医疗资源的需求与现实得不到的矛盾。

"看病贵"主要是指人们无力承担高额的检查费、药费、手术费等医疗费用而感叹太贵看不起病。"看病贵"与人们的主观感受有关，它包含二层意思，一是诊疗效果不值这么高的医疗费用，二是医疗费用超过了自己收入水平，无力支付。而且由于物价的上涨、药物的升级、医疗技术的进步等因素，使得医药费用确实在不断上涨，使人们感受到看病的费用在上升，越来越贵。

居民的健康，不仅关系到个人和家庭的生活质量，更是社会生产力的具体体现。党的十九大提出"健康中国"战略，精准对接人民群众健康需求，持续改善医疗服务水平，提供优质高效的医疗健康服务。那么，西部城市的少数民族居民有着怎样的医疗服务呢？调查主要从以下几个测试问题切入。

（一）普通小病你会选择去哪级医院？

35.3%的受访居民会选择去离家近的社区医院；26.1%的受访居民选择去二甲区县级医院；18.7%受访居民选择市级或国家级医院（三甲）。数据表明，普通小病首先选择去"社区医院和二甲区县级医院"的达61.4%，这有效分流了拥向大医院的病人人数，也避免了医疗资源的浪费。居民既看好了病，又节约了时间成本。

10.5%受访居民选择"不就医，自己买点药吃"，认为在药店买感冒药和医院开的感冒药是一样的效果，价格还便宜。7.1%受访居民选择"私人诊所"。还有2.1%受访居民选择"不就医、硬扛着"，认为感冒吃药不吃药都要一周才会好，所以不必吃药。另外有0.2%的居民选择民间土法刮痧、草药等保守治疗普通的感冒、发烧、咳嗽。（详见图4-18普通的感冒、发烧、咳嗽，你会选择去哪级医院？）

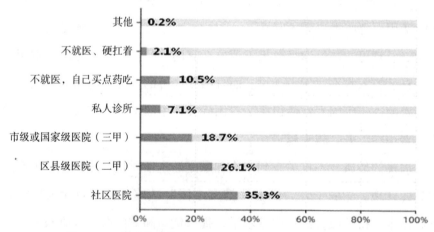

图4-18 普通的感冒、发烧、咳嗽，你会选择去哪级医院？

下面从不同收入、年龄、职业、户籍、学历等方面，分析普通小病首先选择哪级医院？

1. 不同收入群体面对普通小病，首先选择哪级医院？

面对普通小病，不同收入群体对就医医院选择有所不同。课题组把居民收入分为五档，月收入为 2000 元以下、2001—3000 元、3001—4000 元、4001—6000 元、6000 元以上。首先选择去"社区医院"的比例分别为 71.2%、42.5%、30.8%、31.5%、28.1%，而首先选择"三甲医院"的比例分别为 8.7%、15.9%、16.1%、26.4%、29.6%。（详见表 4－10 不同收入群体面对普通小病，首先选择哪级医院？）从表格可见，收入高低会对人们选择哪个级别医院就医产生影响。收费高的好医院让低收入居民望而却步，转而选择普通的社区医院；收入高的居民对普通的社区医院诊疗水平心存犹疑，多选择大医院就医。（详见图 4－19 不同收入群体面对普通小病，首先选择哪级医院？）

表 4－10 不同收入群体面对普通小病，首先选择哪级医院？

	2000 元以下	2001—3000 元	3001—4000 元	4001—6000 元	6000 元以上
社区医院	71.2	42.5	32.8	31.5	28.1
三甲医院	8.7	15.9	16.1	26.4	29.6

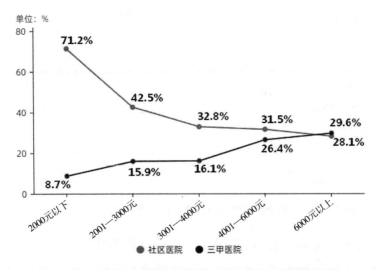

图 4－19　不同收入群体面对普通小病，首先选择哪级医院？

2. 不同年龄群体面对普通小病，愿意首选社区医院比例？

不同年龄段居民面对普通小病，愿意首选社区医院比例与年龄有非常大的区别。30 岁以下普通小病首选社区医院的占 20.5%，30—39 岁普通小病首选社区医院的占 28.1%，40—49 岁、50—59 岁中年居民首选社区医院的比例增长明显，达 38.9%、59.8%，60 岁以上居民首选社区医院的比例最高，为 80.1%，随着年龄增大选择去社区医院的比例在增加。60 岁以上居民认为普通小病在家门口的社区医院就能看没必要去大医院，持此观点的老年人比例高达 80.1%。30 岁以下年轻人是一个需要特别关注的群体，认为自己身体好，小毛病不用到医院看，去医院太麻烦，更倾向到药店根据症状买点药吃，这表明年轻人更愿意自己买药吃，而不愿意去社区医院。（详见图 4 - 20 不同年龄群体面对普通小病，愿意首选社区医院比例？）

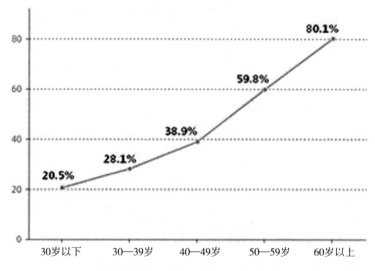

图 4 - 20 不同年龄群体面对普通小病，愿意首选社区医院比例？

3. 不同职业群体面对普通小病，首先选择哪级医院？

从受访居民职业看，党政企业单位负责人中首选社区医院的比例为

19.9%；专业技术人员为29.2%；企事业单位办事人员和有关人员为33.7%；自由职业者（指律师、牙科医生、会计师、艺术家和自由撰稿人等）35.2%；现役军人属于特殊群体，一般在部队医院就医，此处现役军人样本不计；个体经营人员为37.2%，大学生属于无收入靠家庭支持的群体，其首选社区医院的比例为48.1%。此外，生产运输工人（65.8%）、商业服务人员（72.2%）、离退休人员（73.3%）和无业人员（78.9%）。从中可以看出，从整体上表现为职业地位越高的居民，越不会首选社区医院；其中，商业服务人员、离退休人员和无业人员首选社区医院的比例最高，均在70.0%以上；而党政企业单位负责人、专业技术人员的比例最低，均不到30.0%。（详见表4-11不同职业受访者首选"社区医院"的比例）

表4-11 不同职业受访者首选"社区医院"的比例

职业类型	比例（%）
无业人员	78.9
离退休人员	73.3
商业服务人员	72.2
生产运输工人	67.2
农林牧渔水利	65.8
大学生	48.1
个体经营人员	37.2
自由职业者	35.2
办事人员和有关人员	33.7
专业技术人员	29.2
党政企业单位负责人	18.9
现役军人	—

4. 不同户籍群体面对普通小病，首选三甲医院情况？

从户籍状况来看，有本地户籍居民首选三甲医院的比例为40.5%，无本地户籍居民首选三甲医院的比例仅为7.1%。从中可以看出医疗条件好、门诊水平高但收费比社区医院稍高的三甲医院，更得本地户籍居民认可与放心。

5. 不同学历群体面对普通小病，首先选择哪级医院？

不同学历被访居民首选社区医院情况：小学及以下学历首选社区医院人数最多，占78.2%；初中学历占65.6%，比小学及以下学历人数低了一成；高中/中专学历近一半会首选社区医院看病；大专学历35.4%会首选社区医院；本科学历比大专学历低20%比例，只有12.5%首选社区医院；研究生及以上学历就更低了，只有9.2%。

不同学历被访居民首选三甲医院情况：从小学及以下学历到研究生及以上学历，六个学历层次，分别为：2.5%、8.1%、17.5%、38.8%、53.2%和86.7%，从中可以看出，学历越高的居民，首选三甲医院的比例越高。（详见表4-12 不同学历居民首选三甲医院的情况）

表4-12 不同学历群体面对普通小病，首选哪级医院？ 单位:%

学历	首选社区医院	首选三甲医院
小学及以下	78.2	2.5
初中	65.5	8.1
高中/中专	46.2	17.5
大专	35.4	38.8
本科	12.5	53.2
研究生及以上	9.2	86.7

（二）您在就医过程中遇到的困难？（可多选）

在就医过程中，九成受访居民认可医院的医疗服务质量，在就医过程中遇到的医疗服务困难主要是"排队时间长"（41.2%）、"大医院住院床位紧张"（36.3%）和"检查过多"（33.5%），还存在"挂专家号难（25%"）、多开药开贵药（18.9%）和医生不耐心（10.2%）等问题。

从多角度看，无本市户籍居民更多抱怨医生不耐心，年轻人更多抱怨医院检查过多，收入越高的居民越会抱怨排队时间长。（详见表4-13在就医过程中遇到的困难？）医疗机构排队等候时间长这一问题的改善不仅与政策制度有关，还与患者心理医院的具体环境有关。一方面，身患病痛时人们都希望尽快得到医治，主观上会对等候时间较为敏感，内心的焦躁情绪也会加重。另一方面，患者都希望到医疗水平最高的医院就诊。在不了解自己疾病轻重的情况下，选择大医院是最保险的做法，如此一来，社区医疗机构的水平难以提高，优秀医生不愿意去社区，形成恶性循环。

表4-13 在就医过程中遇到的困难？

就医主要困难	百分比（%）
排队时间长	41.2
大医院住院床位紧	36.3
检查过多	33.5
挂专家号难	25.5
多开药、开贵药	18.9
医生不耐心	10.2
其他	5.6

（三）医院看病价格是否合理？

本次调查发现，在问到医院看病价格是否合理时，接近四成的受访居民认为"合理"；有32.7%的受访居民认为"一般"，有28.4%的受访居民认为医院看病价格"不合理"（"不太合理"占25.6%，"非常不合理"占2.8%）。（详见图4-21 医院看病价格是否合理？）

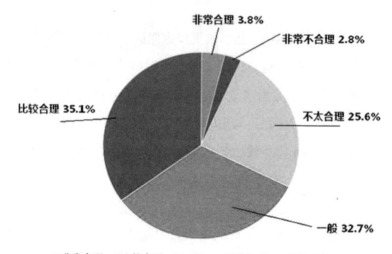

图 4-21　医院看病价格是否合理？

另外，从户籍来看，外地户籍少数民族居民对本市医疗服务价格的满意度相对较低，没有人认为医疗服务价格"非常合理"，认为"比较合理"的也只有11.1%。在有户籍的本地居民中，认为"非常合理""比较合理"这两项比例分别为0.8%、35.5%，合计认为"合理"为36.3%。（详见图4-22 不同户籍居民认为医疗价格合理的比例）

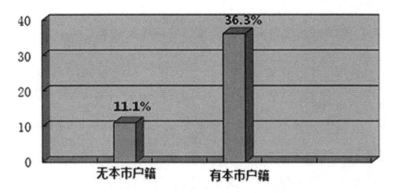

图 4－22　不同户籍居民认为医疗价格合理的比例

三、社会保障

（一）对社会保障制度的满意率

调查显示，73.6%的被访居民对社保制度表示满意（非常满意7.1%和比较满意66.5%之和），这也意味有超过七成被访居民对现行社保制度持认可态度。居民对社保制度满意评价如此之高，从一个侧面反映了这几年我国政府大力推进社保制度改革行动是富有成效的，对老百姓民生保障之需求是重视的。（详见图4－23 被访居民对社保制度的满意率）

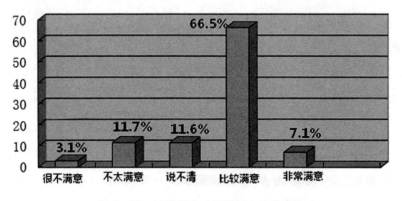

图 4－23　被访居民对社保制度的满意率

（二）被访少数民族农民工目前已购的保险种类

在上题测试中，还有14.8%的被访居民对社保制度是表示不满意的（很不满意3.1% + 不太满意11.7%），我们把满意率与户籍进行交叉类比，发现不满意多出自外来少数民族农民工群体，所以专门针对此群体设计了一题有关"社会保障"的测试题——"被访少数民族农民工目前已购买了哪种保险?"调查数据显示，被访少数民族农民工的参保状况不容乐观。（详见表4－14 被访少数民族农民工已购买了哪种保险）

表4－14　被访少数民族农民工目前已购买了哪种保险

保险项目	人数	比例（%）
工伤保险	64	15.1
大病医疗保险	44	10.4
新型农村合作医疗	70	16.5
生育保险	6	1.5
养老保险	80	18.3
没有购买任何保险	162	38.2

数据显示，没有购买任何种类保险的少数民族农民工有162人，占全体被访农民工38.2%，也就是说，接近四成少数民族农民工无任何社会保障在城市务工。就是已购买了保险的少数民族农民工，购买比例也都不高。农民工一般承接的工作比较辛苦和危险，劳动受伤风险很大，工伤保险对农民工尤为重要，但只有64名被访少数民族农民工购买了"工伤保险"，购买率仅仅15.1%，这显然是一个巨大的隐患。医疗保险方面，少数民族农民工中有16.5%购买了"农村合作医疗"，10.4%购买了"大病医疗保险"，这两项之和为26.9%（不到三成）。

不购买医疗保险，以目前打工的收入水平，个人根本无力承担高额的城市医疗费用，一旦生病，要么强撑，要么到非正规私人诊所看病，极其容易滋生纠纷，甚至小病拖成大病，因病返贫。有18.3%的少数民族农民工购买了养老保险，少数民族农民工虽然目前正处于青壮年期，吃"青春饭"，养老不是当前最急迫的事，不购买养老保险就是把未来沉重的养老包袱留给了家庭和社会。但是被访少数民族农民工仅有6人购买了"生育保险"，仅仅占全体被访者的1.5%比例。少数民族农民工特别是女性少数民族农民工这一保险意识有待大力加强。

（三）对社保制度最不满意的地方

从被访居民对当前社会保障制度不满意选项来看，对社保制度最不满意的方面排位前三的是："资金来源单一，国家和企业负担沉重""社会福利、社会救济等制度的改革滞后"和"覆盖面不广，保障水平较低"。此外，认为社保制度"缺乏统一管理"的意见也占31.4%，值得有关部门重视。在加快健全社会保障体系改革的过程中，只有充分重视民众对于社保制度的看法和态度，才能够提高社保制度的满意率和可持续性。（详见表4-15）

表4-15 被访居民对社保制度最不满意的地方（可多选）

对社保制度不满意的方面	百分比（%）	不满意率排名
资金来源单一，国家和企业负担沉重	65.8	1
社会福利、社会救济等制度的改革滞后	55.2	2
覆盖面不广，保障程度较低	41.5	3
缺乏统一管理	31.4	4
其他	0.6	5

（四）你最青睐哪种养老模式

从数据看，在各种养老模式中"居家养老"是被访居民最为青睐的方式，超过八成被访居民选择"居家养老"方式，占比82.5%。（详见表4-16你最青睐哪种养老模式）具体来看，五种"居家养老"模式，33.7%的被访居民期待"居家养老、配偶照料"，17.2%的被访居民选择"居家养老、自己独立生活"，11.2%选择近几年逐渐走热的"居家养老，社区提供服务"方式。另外选择"居家养老，与子女一起生活"（10.3%）和"居家养老，请保姆或钟点工照料"（10.1%）。除了"居家养老"模式，"养老院养老"也逐渐被人们接受，有14.8%被访居民选择养老院生活。旅游养老、抱团养老等等方式也渐渐流行。

表4-16　被访居民最希望的养老方式

养老方式	百分比（%）
旅游养老	1.5
养老院养老	14.8
居家养老，社区提供服务	11.2
居家养老，请保姆或钟点工照料	10.1
居家养老，配偶照料	33.7
居家养老，自己独立生活	17.2
居家养老，与子女一起生活	10.3
其他	1.2

四、交通通信

（一）日常出行方式

当问及被访居民日常主要出行方式，"摩托车/电动车"和"坐公交车/地铁"是居民的主要出行方式。其中，1942 名被访居民里有 685 人选择出行交通工具"摩托车/电动车"，占比 35.3%；487 人选择"坐公交车/地铁"作为主要出行交通工具，占 25.1%。21.6% 的被访居民选择"开私家汽车"，7.8% 被访居民选择"步行"，传统代步交通工具自行车排位第 5，仅仅有 6.7% 的被访居民选择。（详见表 4-17 被访居民日常出行方式）

表 4-17 被访居民日常主要出行方式（单选）

出行方式	人数	百分比（%）	排序
摩托车/电动车	685	35.3	1
坐公交车/地铁	487	25.1	2
开私家汽车	420	21.6	3
步行	151	7.8	4
骑自行车	130	6.7	5
其他	69	3.5	6

（二）您家庭居住地交通拥堵情况

调研数据显示，17.5% 的被访居民选择居住地交通拥堵情况不严重，包括感觉还行的，合计有 80.9% 的被访居民认可居住地交通顺畅，只有近 2 成左右被访居民感觉居住地交通拥堵严重。（详见图 4-24 居住地交通拥堵情况）

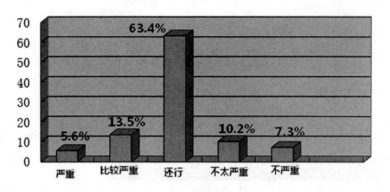

图4-24　居住地交通拥堵情况

(三) 你觉得你家的宽带速度怎样?

数据显示，超7成被访居民对宽带网速不满意，70.5%选择"慢，上网总是卡，根本不值那个钱"；只有5.2%的被访居民认为"宽带速度快，基本不卡"；24.3%的被访居民表示"宽带速度还行，凑合用吧。"(详见图4-25 你觉得你家的宽带速度怎样?)

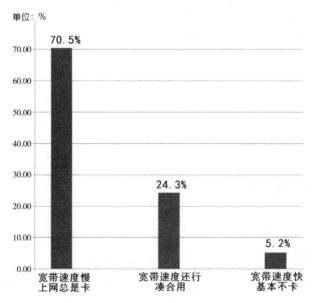

图4-25　你觉得你家的宽带速度怎样?

（四）微信软件的使用度

从表可见，只有303户受访者表示"家人平常都使用微信"，所占比例为15.6%，而"家人都不使用微信"甚至"不知道微信是什么"的比例分别为16.2%和11.1%。由此说明，虽然手机已成为城市居民普通通信设备，但手机社交应用软件的使用比例还是比较低的，手机可能仍用于基本的通话功能，这可能与被访谈少数民族居民受教育程度不高及其不懂汉语有关系。（详见表4－18家庭成员微信使用情况）

表4－18 家庭成员微信使用情况

家庭成员微信使用情况	调研样本	百分比（%）
家人平常都使用微信	303	15.6
一部分家人用微信，还有一部分没有使用	684	35.2
只有个别家人用微信，大多数没有微信	426	21.9
家人都不使用微信	314	16.2
不知道微信是什么	215	11.1
合计	1942	100

第三节 西部城市少数民族"公共安全"

曾经央视主持人在街头采访路人问了一个问题"你幸福吗？"，在全国引起国民共鸣。"幸福是什么？""幸福受哪些因素的影响？"由于主观认知差异存在，上述问题的回答是千人千面。尽管如此，"富足安定、高枕无忧"当是毋庸置疑的答案之一。物质充足程度是百姓感知幸福的民生基础，但是"民生安全"才是"百姓幸福"的测量仪。

站在"民生"角度探讨"安全"问题，意味着"好日子"应当成为政府工作的大目的。"好日子"意味着客观意义上的物质丰沛与生活安定，还意味着主观面上的情感依托与美好期望；民生不仅涵盖宜居、医疗、养老、环境梦，还涵盖"安全梦"，即"民生安全梦"。一个更安全的社会能够为民生发展提供更稳定的支持，"安全"在本质上已经成为一种"公共物品"，提供公共安全政府责无旁贷。

安全，是民生的基础，更是实现中国梦的前提。《当代汉语辞典》将"安全"释义为"没有危险；不受威胁；不出事故"[①]。很显然，把"安全"与"危险"相联系，"安全"就是"免受危险的伤害"，当危险性低于心理预期时，人们认为自己处于安全状态。由此，"安全"既是不存在威胁的客观状态，也是不存在恐惧感的主观感受。相应地，安全研究也分化为着眼于客观事实的"安全性"研究和探讨主观心理感受的"安全感"研究，从管理实践看"安全"是将社会系统的运行状态对人们生命、财产、健康、环境等产生的损害控制在可以接受的水平以下。

当前我国正处于社会转型期，各种影响公众社会安全感知的事件频繁出现，使得公众对安全的需要日益突出。公共安全是公众对我国社会运行机制、社会安全状况以及自身生活安定程度的主观感受。为了客观呈现西部城市少数民族群体的公共安全状况，项目组对西部四个省会城市（南宁、拉萨、兰州和乌鲁木齐）少数民族群体采用问卷随机抽样方法，从总体安全、公共卫生、食品安全和社会信任四个维度切入展开了一次社会安全调查。本次调查合格总样本量为 1942 个。从"总体安

---

① 现代汉语辞典 [S]. 北京：商务出版社，2016.

全""食品安全"和"社会信任"三方面展开测试题调查。（详见表4-19四省会城市少数民族"公共安全"调查项目及得分）

表4-19 四省会城市少数民族"公共安全"调查项目及得分

调查项目	幸福感调查题目	单项得分	平均得分
总体安全	你生活在这个城市有安全感吗	4.8	4.75
	对城市社会治安状况的满意度	4.7	
食品安全	上一年食品安全改善情况的满意度	3.6	3.6
	最担心哪些食品安全问题	3.4	
	食品安全信息及政策获取渠道	3.8	
社会信任	对他人的信任	4.2	4.4
	在熟人社会你最信任谁	4.8	
	你对哪种职业群体最信任	4.6	
	你经常从那种媒体获取新闻报道	3.9	

一、总体安全

（一）你生活在这个城市有安全感吗?

城市给居民的安全感，来自居民个人在社会中经历某些事情而得出的主观判断，其中社会治安状况好坏是主要指标。

调查显示，西部城市少数民族群体对所在城市社会总体安全感呈现较高水平。被访者选择"很没安全感"仅占1.4%，选择"不太有安全感"的占9.7%，选择安全感"一般"占21.4%，被访者选择"比较有安全感"占56.2%，选择"很有安全感"的11.3%。由数据可知，67.5%被访者认为所在城市社会总体比较安全，大部分被访者社会安全感较强，这也从一个侧面说明了被访者对于生活的城市社会管理的认可程度较高。与此同时，不应忽略的是有超过一成的居民认为生活在这个城市"不安全（很没安全感＋不太有安全感)"，表明未来居民的社会安全感仍有提升的空间。（详见图4－26被访者对"你生活在这个城市有安全感吗"的看法）

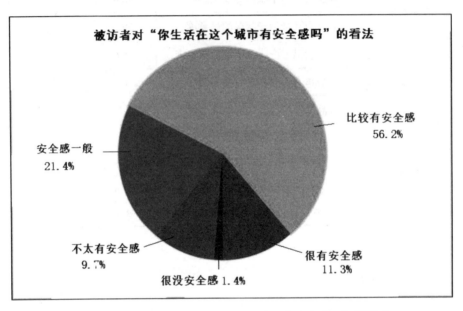

图4－26　被访者对"你生活在这个城市有安全感吗"的看法

对被访者的性别与所在城市社会总体安全评价进行交叉分析，显示不同性别的被访者对所在城市社会总体安全评价存在显著差异。由图可见，对所在城市社会总体安全的评价为"安全"的人群里，男性被访者占69%，女性被访者占57%，显然，男性被访者对所在城市社会总体安全的评价高于女性被访者。（详见图4－27不同性别被访者对所在城市社会总体安全的评价）

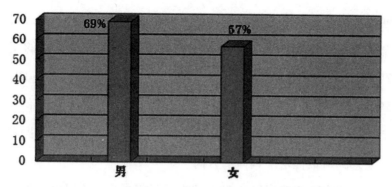

图4-27 不同性别被访者对所在城市社会总体安全的评价

对被访者的年龄与所在城市社会总体安全评价进行交叉分析，显示，不同年龄的被访者对所在城市社会总体安全评价存在显著差异。30岁以下被访者给所在城市社会总体安全的评价均值为3.31分，30—39岁被访者的评价均值为3.42分，40—49岁被访者的评价均值为3.53分，50—59岁被访者的评价均为3.64分，60岁及以上被访者的评价均值为3.81分。由统计数据可知，年龄越高的被访者对所在城市社会总体安全评价越高，其中，60岁及以上的被访者对所在城市社会总体安全评价最高。（详见图4-28不同年龄被访者对所在城市社会总体安全的评价）

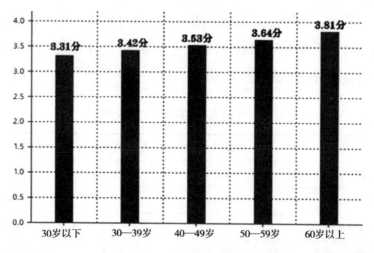

图4-28 不同年龄被访者对所在城市社会总体安全的评价

通过对群体差异的分析，发现不同的职业、户籍和收入状况都对居民安全感结论产生影响。公务员、国家机关事业单位负责人的安全感（93.7%）最高，而失业/无业人员（72.1%）和外来流动人口农民工（83.5%）成为低安全感群体的主体。上述结果表明，是否拥有一份稳定的工作对于居民的安全感具有显著影响，这也为政府下一步提升居民社会安全感的对策提供了具体的方向。

此外，有本市户籍居民的安全感要高于非本市户籍居民，如本市户籍居民总体感觉安全感的比例高达89.4%（很有安全感34.3% + 比较有安全感55.1%），而非本市户籍居民总体感觉安全感为81.6%（很有安全感23.9% + 比较有安全感57.7%），两者相差7.8个百分点。

调在还显示，收入对居民的生活安全感影响明显，虽然并非收入越高安全感就越高，但低收入居民为生计奔波必然影响其对未来安定生活的信心。在2000元以下的低收入居民感觉"有安全感"占86.5%；2001—4000元、4001—6000元的中等收入居民感觉"有安全感"均超过90%；6000元以上高收入居民感觉"有安全感"仅占84.2%，这也表明，并非收入越高，安全感就越高。安全感随收入呈"先增后降"的变化趋势，中等收入居民的社会安全感最高。（详见表4-20不同收入被访居民的社会安全感）。

表4-20　不同收入被访居民的社会安全感

月收入	很有安全感	比较有安全感	安全感合计
2000 元以下	29.8	56.7	86.5
2001—4000 元	35.5	54.6	90.1
4001—6000 元	34.7	57.1	91.8
6000 元以上	28.7	55.5	84.2

（二）对所在城市社会治安状况的满意度评价

治安安全是护卫社会稳定和推进经济发展的重要保障。在入户调查的 1942 户家庭中，受访家庭没有经历治安安全事件的样本为 1903 个，占 97.9%；经历了治安安全事件的样本 39 个，占 2.05%；同时共计有 10 个不社区的居民回答其经历或听闻所在地本年度发生过治安安全事件，占全部样本的 0.51%。

被访者对所在城市社会公共治安状况的评价如图所示。被访者对所在城市社会治安状况感到非常满意的有 1212 户，占 62.4%；比较满意的有 607 户，占 31.3%；表示一般的 91 户，占样本总量的 4.6%；比较不满意的有 22 户，占 1.13%；非常不满意的有 10 户，占样本总量的 0.51%。（详见图 4 – 29 对所在城市社会治安状况的满意度评价）

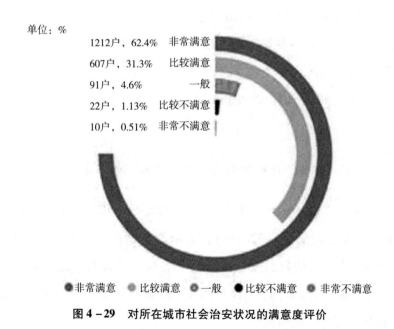

图 4 – 29　对所在城市社会治安状况的满意度评价

二、食品安全

联合国粮农组织 1974 年提出，食品安全主要包括食品三方面安全，数量安全、卫生安全、发展安全。1996 年，世卫组织将食品安全界定为"对食品按其原定用途进行制作、食用时不会使消费者健康受到损害的一种担保"。食品安全（food safety）强调食品无毒无害并适合应有的营养标准，不会对人的身体健康产生任何急性、亚急性或慢性危害，而大量有毒有害食品的曝光却触及了这条民生底线。

"民以食为天"，食品安全关系着民众身体健康与生命安全，是社会稳定有序的基石，更是最朴实的中国梦。然而，毒大米、皮鞋老酸奶、塑化剂、人造鸡蛋、瘦肉精……当今的中国人已经不为饿肚子操心了，但却被这些术语捉弄得无所适从。面对纷乱而安全难辨的食品市场，人们所能做的是"选择性地吃"，"吃"是中国人的小小幸福。然而，现实食品安全现状却给了这个"小小幸福"沉重的一击。食品安全触及民生底线，尽管我国不断强化对食品安全领域的监管力度，但是食品安全问题却屡禁不止，保障食品安全考验着政府的治理能力。

（一）对"过去一年的食品安全改善情况"的满意度

根据调查，被访者对过去一年的食品安全改善情况非常满意（18.4%）或比较满意（32.4%），表示改善情况"一般"占 30.8%，被访者对过去一年的食品安全改善情况表示了"比较不满"占 11.3% 和"非常不满"7.1% 的。（详见图 4 - 30 被访居民对"过去一年的食品安全改善情况"的满意度）

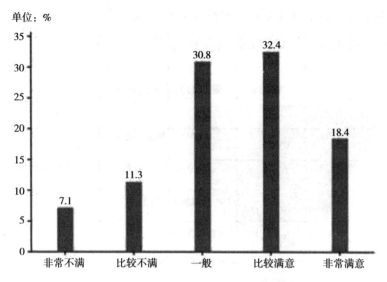

图4-30 被访居民对"过去一年的食品安全改善情况"的满意度

(二)"最担心哪些方面食品安全问题"

现代社会食品安全的风险多来源于食品科技的发展,食品添加剂的发明为食品种类与口感多样化创造了条件,但是"非法添加"或"过量添加"不仅危害健康还可能夺人性命。除了非法添加之外,农药残留、土壤和水污染所导致的食品危险也不容忽视,但它们更不易被察觉。

根据调查,"食品添加剂(如色素、防腐剂、香精等)超量使用"是最令被访者担心的食品安全问题,68.0%的被访者对此表示了担忧;其次56.0%的被访者表示担心"农药兽药、抗生素、重金属等高残留"问题。37.7%的被访者表示担心"食品加工不卫生";28.3%的被访者表示担心"食品掺假";25.5%的被访者表示担心"食品过期变质";10.3%的被访者表示担心"假冒名牌",包括食品的虚假信息(如虚假标签、生产日期、材料、虚假宣传等);转基因食品问题还没有引起人们普遍重视，仅有3.4%的%的被访者对转基因食品表示担心。（详见图4 - 31 被访居民"最担心的食品安全问题"）

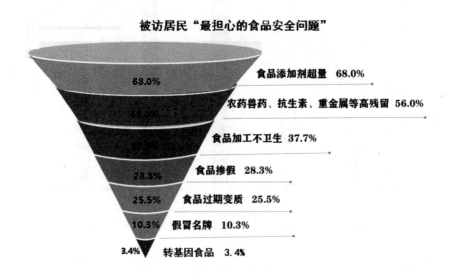

被访居民"最担心的食品安全问题"

食品添加剂超量　68.0%

农药兽药、抗生素、重金属等高残留　56.0%

食品加工不卫生　37.7%

食品掺假　28.3%

食品过期变质　25.5%

假冒名牌　10.3%

转基因食品　3.4%

图4 - 31　被访居民"最担心的食品安全问题"（可多选）

（三）"食品安全信息及政策获取渠道"

根据调查，87.2%的受访者会通过电视、收音机等获取食品安全信息及政策；新媒体是当今社会信息传递最快的通道，特别得到年轻人喜欢，据调查，大约有84.9%的被访居民通过微信、微博、公众号等了解食品安全信息及政策；71.2%被访居民则会"听同事、朋友或邻居"相关介绍而了解食品安全信息及政策。除了上面三类主要媒体渠道外，还通过传统媒体获取食品安全信息及政策，"下发的宣传资料或宣传栏、告示等街头宣传"占29.5%、"报纸杂志"占16.8%、"政府网站"占11.2%。也有3.4%受访者持"不关心、无所谓"态度。（详见图4 - 32 被访居民"食品安全信息及政策获取渠道"）

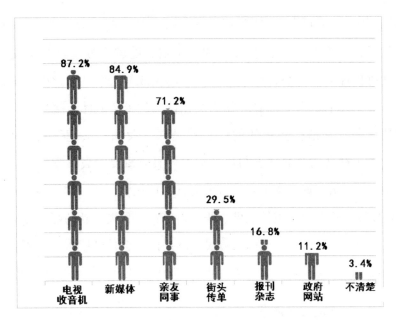

图 4-32　被访居民"食品安全信息及政策获取渠道"（可多选）

三、社会信任

社会信任关乎社会稳定与和谐。伴随着市场经济的腾飞，中国社会由传统的熟人社会向陌生人社会转型，相对封闭和稳定的社会环境受到冲击，依托于血缘、地缘构建起的传统社会关系网络逐渐弱化。人们的社会交往愈发复杂，社会地域和阶层之间的人口流动加快，导致社会信任面临前所未有的挑战和不确定性。中国社会结构和观念的愈发多元，推动社会信任不断渗透至经济、社会活动等多重领域。有社会学研究者指出，社会信任主要涉及人与人之间的社会交往事实和心理情绪体验，其程度高低反映了社会关系的质量好坏和社会情绪的正负取向。社会信任有两种内涵：第一，信任发生在个体的人际关系之中，是社会关系构建与维持的重要因素，信任关系是感情深疏远近的重要标志。第二，信任代表了一种心理状态，这种心理状态就是"放心""靠得住"和"信得过"，用巴伯尔的信任理论来解释的话就是预期对方不会伤害自己。社会信任作为维系良好社会关系的助推器，能够有效降低社会交往风险，增进良性人群关系，推动契约社会的生成与法治社会建设，是社会稳定与经济发展的重要保障。作为文化价值的重要载体、凝聚社会力量的重要机制，培植社会信任的历程就是探寻我国社会建设的"心灵"之旅，对于社会的全面建设与可持续发展具有重要的战略意义。

项目组开展了西部4个省会城市的社会信任度调查，调查内容涉及对他人信任度、熟人社会被信任度、职业群体被信任度、新闻媒体被信任度等，旨在全方位呈现西部城市少数民族居民的社会信任度水平和现状，探究导致社会信任问题的本源，为重建和提升中国社会信任水平建言献策。

（一）对他人信任度

安全感是人与人进行交往、建立信任关系的前提。因此，对他人的信任度是反映和衡量安全感的重要因素之一。本次调查显示，绝大多数被访居民对他人持信任态度。具体来看，有79.2%的市民表示大多数人都值得信任，20.8%的市民表示需要小心他人。（详见图4-33被访者对他人信任度）

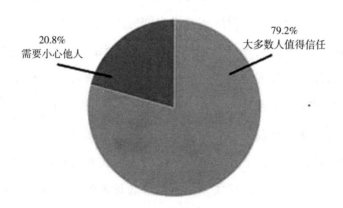

图4-33　被访者对他人信任度

社会信任在很大程度上表征着我国的社会关系网络的稳定性和凝聚力。各种社会角色的被信任度不仅代表某一社会群体的被信任度，更表征着某一职业、行业或社会组成单位的社会功能强弱程度与稳定程度。调查结果显示，不同社会角色的被信任度情况呈现一定的差异，同时，不同居民对同一社会角色的信任度也存在明显的差异性。对他人信任程度存在性别、收入、教育程度和户籍差异。（见表4-21 不同群体对他人的信任）

表4-21 不同群体对他人的信任

不同分类群体		大部分人值得信任	需要小心
性别	男	81.3	18.7
	女	75.7	24.3
月收入	0—2000 元	83.1	16.9
	2001—4000 元	77.2	22.8
	4001—6000 元	75.8	24.2
	6000 元以上	82.9	17.1
学历	小学及以下	73.5	26.5
	初中	77.4	22.6
	高中中专职校技校	79.5	20.5
	大专	76.7	23.3
	本科	81.2	18.8
	研究生及以上	83.4	16.6
户籍	本市户籍	80.3	19.7
	外来有居住证	76.8	23.2
	外来无居住证	65.1	34.8

数据来源：根据调查样本整理得来

调查显示，相比较女性，男性对他人的信任度更高。从具体数据来看，81.3%的男性市民表示大多数人都值得信任，而女性市民的该比例为75.7%，比男性低了5.6个外点。

收入对市民的人际信任度有影响作用：中等收入群体对他人信任度低，学历越高，对他人的信任度越高。对不同收入群体的分析发现：低收入群体和高收入群体对他人的信任度相对较高，而中等收入群体则在人际信任表现出较低信任度。如月收入0—2000元群体、6000元以上群体认为大多数人都值得信任的比例为83.1%和82.9%。处于2001—4000元、4001—6000元的中等收入群体认为大多数人都值得信任的比例分别为77.2%、75.8%。

对不同教有程度群体的数据分析显示，基本呈现出教育程度越高，他人的信任度越高的整体特征。研究生及以上学历群体对他人的信任度最高，达到83.4%，本科学历群体为81.2%，大专学历76.7%，高中（包括中专职校与技校）学历群体为79.5%，初中学历群体为77.4%，小学及以下群体为73.5%。

户籍身份也对市民对他人的信任度产生影响。数据显示，本地户籍群体对他人的信任度最高，有80.3%的人表示这个社会上大多数人都值得信任；外来有居住证群体对他人的信任度次之，为76.8%；外来无居住证群体对他人的信任度最低，为65.1%。整体来看，外来无居住证群体的人际信任度明显低于其他群体，这应该与他们的不稳定、缺乏保障的生活状态相关。

（二）在熟人社会你最信任谁？

社会学家费孝通曾指出，中国社会是个熟人社会，人与人之间关系的远近是按照差序格局排列的。每个人以自己为中心，按与自己关系的亲疏渐次排开，疏远关系排位离自己远。测试题所指"熟人社会"按被信任来区分，家人排位第一，其次是亲戚，然后依次是朋友、同学、同事、单位领导和邻居。调查显示，受访者对家人的社会信任度均值最高（4.88 分），对亲戚的社会信任度居于第二位（4.25 分），随后依次为朋友（4.00 分）、同学（3.55 分）、同事（3.44 分）、单位领导（3.30 分）和邻居（3.25 分）。在有关熟人社会信任度的调查中，家人、亲属的信任度均值最高，正反映出社会中人的关系是以亲属关系为主轴的网络关系。随着熟人关系的疏远，信任度均值有所递减，其差序格局的分布如图所示。（详见图 4 - 34 被访者对"在熟人社会你最信任谁？"的看法）

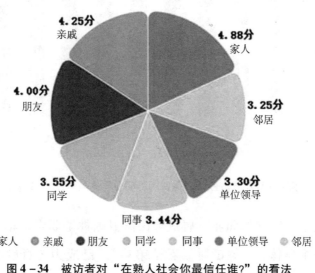

● 家人 ● 亲戚 ● 朋友 ● 同学 ● 同事 ● 单位领导 ● 邻居

图 4 - 34　被访者对"在熟人社会你最信任谁？"的看法

本次调查中发现，60 岁以上受访者与 30 岁以下受访者的"熟人社会信任度"存在较为显著的差异。随着年龄的增长，虽然年长者其社会经验会随之提高，但受到身体状况的影响，其社会交往范围和交往深度会受到限制，60 岁以上受访者对亲戚、家人、朋友的社会信任度最高；30 岁以下受访者随着其社会交往范围和交往深度的不断外延扩展，他们对朋友、同学的社会信任度是所有年龄段里最高的。

（三）你对哪种职业群体最信任？

数据显示，军人、农民工、教师的被信任度最高，警察、法官的被信任度居中上水平，企业家的被信任度最低。（详见图 4 – 35 被访者对"你对哪种职业群体最信任？"的看法）。

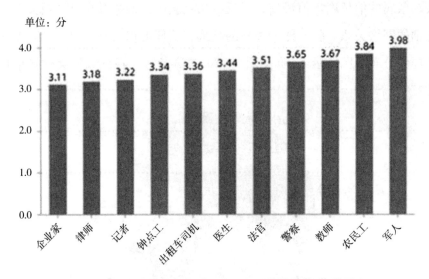

单位：分

图 4 – 35　被访者对"你对哪种职业群体最信任？"的看法

军人是个特殊的职业，肩负着保家卫国神圣职责，军人是最值得信赖的一个群体，"关键时候看子弟兵"，已成为老百姓心里一个信念。受访者给军人群体的信任度均值最高（3.98 分），实至名归。农民工群体朴实勤劳，被信任度得分 3.84 分。根据国家统计局抽样调查，2018 年全国农民工总量为 28836 万人，比上一年增加 184 万人，增长 0.6%。① 大量涌进都市、流动性较大的农民工群体已成为城市化建

————————

① 《2018 年农民工监测调查报告》，国家统计局 http：//www. stats. gov. cn/tjsj/zxfb/201904/t20190429_ 1662268. html。

设的主力军，也成为影响现代化进程的关键。农民工被信任度均值排位第2，反映出我国农民工城市融合程度明显提升，城市边缘化和弱化地位的状况有所好转。在户籍体制和劳动力市场分割的状态下，较高的信赖度成为农民工融入城市良好的契机，有利于推进我国的城市化与现代化进程。教师以3.67分，居职业群体被信任度第三名。随着市场经济的进一步发展，人与人之间信赖感正面临新的挑战。

（四）"你经常从哪种媒体获取新闻报道？"

生产随着互联网技术的加速发展，新兴媒体进入寻常百姓家。不论是以报纸、广播、电视为主的传统媒体，还是以新闻网站、微博、微信等为主的新兴媒体，都给公众的工作与生活带来了深刻的变化，也改变着人们获取信息的形式。公众在众多信息资源中会有自己的信任度评价。本次调查针对不同媒介新闻报道的信任度进行评价，共设置了报纸、广播、电视、杂志、新闻网站、手机新闻客户端、微信、微博、身边人的议论、都不相信、其他等多个选项（可多选）。

根据数据统计分析结果可知，受访者对电视这一媒介新闻报道的信任度最高，占比为57.8%，所占比例远远超过排在第二位的新闻网站这一媒介。有28.4%的受访者对新闻网站表现出信任度，同时有25.1%的受访者最信任报纸这一媒介的新闻报道，居于第三位。数据显示，杂志中的新闻报道被选择率最低，占比仅为4.1%。不同年龄受访者对于新闻媒体的信任程度差异显著。30岁以下的受访者对手机新闻客户端的信任度最高，认为新闻网站是其最信任的新闻媒体；随着受访者年龄增大，其对于电视的信任程度越高，而年龄越大，受访者对手机新闻客户端、微信的使用率与信任度越低。（详见图4-36被访者"经常从哪种媒体获取新闻报道？"）

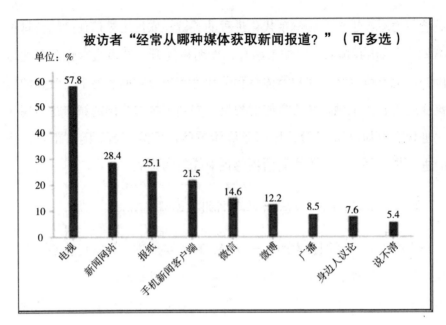

图 4 - 36　被访者"经常从哪种媒体获取新闻报道?"

第四节　西部城市少数民族"生态文明"

　　几个世纪以来,工业化进程创造了空前的物质财富,也带来了惊人的环境破坏,导致了难以弥补的生态创伤——气候趋暖,酸雨严重,大气污染、生物多样性大减等问题时时刻刻威胁着人类的生存环境。我国环保事业在 20 世纪 80 年代逐渐步入正轨,相继实施一系列重大环保举措,比如,把保护环境上升为基本国策、设立国家环境保护局、颁布环境保护法等。这些具体措施,推进环保事业发展,有力防治了环境污染。但同时,由于过去我们主要是依赖粗放型发展模式实现经济发展,从而造成资源浪费,污染严重,自然生态严重恶化。发达国家工业化百年间发生的环境污染问题,在我国短时间集中爆发。进入 21 世纪,我们对环境问题的认识越来越深刻，积极主动探索环境保护新道路，先后出台关于环境保护的系列法律法规，采取推进可持续发展重大举措，推进保护环境工作取得很大进展。也就是在这个时期，我们提出了建设生态文明的战略，并将这个战略放到与经济建设、政治建设、文化建设、社会建设同等重要的位置，作为全面建设小康社会的目标之一。党的十八大以来，以习近平同志为核心的党中央把美丽中国建设纳入中国特色社会主义"五位一体"总体布局，推动我国生态文明建设不断迈上新台阶。本次调查合格总样本量为 1942 个，从"空气质量""水质达标"和"垃圾处理"三方面展开测试题调查。（详见表 4 – 22 四省会城市少数民族"生态文明"调查项目及得分）

表 4 – 22　四省会城市少数民族"生态文明"调查项目及得分

调查项目	幸福感调查题目	单项得分	平均得分
空气质量	空气质量满意度	4.9	4.9
水质达标	日常用水来源	4.6	4.5
	饮用水质量满意度	4.4	
垃圾处理	参与垃圾分类情况	4.6	4.1
	垃圾分类阻碍原因	3.8	
	近一年周边生态环境总体状况	3.9	

一、空气质量

空气污染问题是工业化、城市化过程中长期积累形成的，我国有100 多个城市遭遇空气重度污染，例如石家庄、杭州、南京、上海等十三市还创下雾霾天数的"历史纪录"。近年来，西部地区城市雾霾天数也持续增多，空气质量不容乐观。空气污染治理不可能一蹴而就，需要不断总结经验，改进治理方式，提高治理效果，在长期坚持中步步推进，"治霾靠刮风"的尴尬终会成为历史。

被访居民对"对所在城市空气质量的满意度"的调查中，我们采用5点计分法，以1－5分分别代表"非常差""比较差""一般""比较好"和"非常好"。其中，受访者认为所在城市空气质量为"非常差"的占10.7%的，"比较差"的占21.2%，（二者累计为不满意，占31.9%。）；受访者认为所在城市空气质量"一般"的占35.5%，以超过三成的占比居于第一位；受访者认为所在城市空气质量"比较好"占24.2%，认为"非常好"占8.4%，（二者累计为"满意"，占32.6%。）。由此可见，受访者对所在城市的空气质量评价好坏各占一边，超过三成的受访者认为空气质量一般。（详见图4－37 被访居民对所在城市空气质量的满意度）

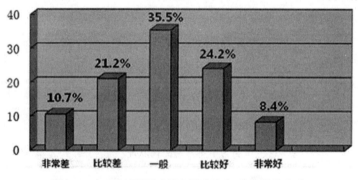

图4－37　被访居民对所在城市空气质量的满意度

二、水质达标

在经济发展造成的环境恶化之中，水资源首当其冲。我国越来越多城市遭遇水安全问题，出现了饮用水污染、水生态破坏、地下水枯竭，使人民生活和生产陷入了"叫渴不迭"的窘境。例如，2014年4月10日至5月9日，一个月之内，我国的兰州、武汉2个特大城市，因饮水问题牵动公众神经。我国西部一些原来水资源丰富、景色秀美的城市，经过几十年的发展，虽然经济快速发展，但环境恶化成本极大。

（一）日常用水来源

被访居民日常用水来源多样，市政自来水占82.5%，是最主要的日常用水来源；居住地的水源井占5.6%；净水器过滤后的市政自来水占4.2%；居住地周边的河流、湖泊、山泉等占6.0%；另有使用桶装（瓶装）矿泉水或纯净水作为日常用水的居民占1.7%。由调查可知，大多数居民都出现过各种日常生活用水问题，包括时不时停水、水垢多、水有刺鼻味道、水中有漂浮物、水质不达标、水体有颜色等问题，这些是最为常见的问题。（详见表4-23 被访居民的日常用水来源）

表4-23 被访居民的日常用水来源

日常用水来源	百分比（%）
自来水	82.5
居住地的水源井	5.6
净水器过滤后的市政自来水	4.2
居住地周边的河流、湖泊、山泉	6.0
桶装（瓶装）矿泉水或纯净水	1.7

（二）饮用水质量满意度

在被访居民所在城市饮用水质量满意度的调查中，受访者认为所在城市饮用水质量"一般"的占35.5%（居于第一位）；认为饮用水质量"比较好"占30.8%（居于第二位），饮用水质量"比较差"的受访者占12.3%（居于第三位），认为饮用水的质量"非常好"的受访者占

8.7%，认为饮用水质量"非常差"的受访者占3.0%。总体而言，近三成受访者认为饮用水质量"比较好"，半数受访者认为饮用水"一般"。（详见图4-38 被访居民的饮用水质量满意度）

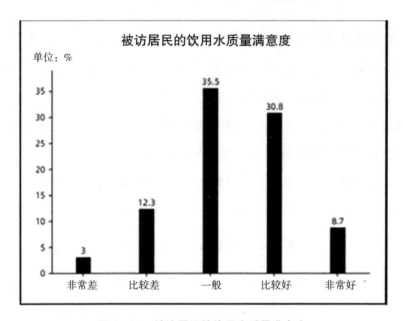

图4-38　被访居民的饮用水质量满意度

　　我国水问题的治理与水危机的消除，最终只能走法治之路。多年来，我国重视环境保护，先后颁布了水法、环境保护法、水污染防治法等法规。下一步，还需要各地、各相关部门依照情况制定相关的流域水环境保护条例、"河长制"工作规程，建立起水安全法律体系，为依法治水提供法律保障。把"绿水青山"变"金山银山"，就要将水安全上升到国家安全的高度加以认识和重视。水安全已成为实施可持续发展战略必须面对的一道坎，水安全是长期而复杂的工程，必须用依法治水思维破解"多龙治水"之难题，以最严格的水资源管理制度和踏石留印的执着保护、开发、利用好现有水资源，实现天蓝、地绿、水净的美丽中国目标。

三、垃圾处理

在加速推进城镇化的同时，城市管理者要特别注意"垃圾围城"之痛。垃圾处理形势究竟怎样？应该怎么看待垃圾焚烧？垃圾分类难在哪里？"垃圾围城"能否得到缓解？为此我们专门就被访居民"参与垃圾分类情况""所在城市垃圾分类处理阻碍原因"和"近一年来周边生态环境的总体状况"等问题进行了问卷调查。

（一）参与垃圾分类情况

由调查可知，被访居民参与进行垃圾分类的仅仅占 37.1%，不进行垃圾分类的占 62.9%。垃圾分类尚未成为大多数人的行为。（详见图 4－39 被访居民"参与垃圾分类情况"）

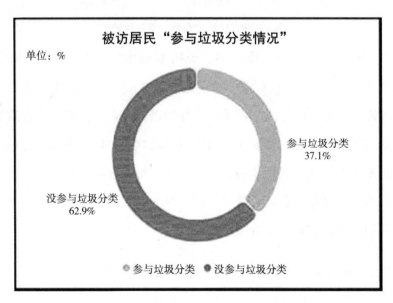

图 4－39　被访居民"参与垃圾分类情况"

（二）垃圾分类处理阻碍原因

在问及阻碍日常进行垃圾分类的原因时，46.0%的被访居民表示自己不知道怎样分类；19.7%的被访居民认为是社区没有分类垃圾桶的缘故，无法分类；30.3%的被访居民认为垃圾分类费时费力，根本没必要进行垃圾分类。4.0%的被访居民没有垃圾分类的习惯。（详见图4-40垃圾分类处理阻碍原因）

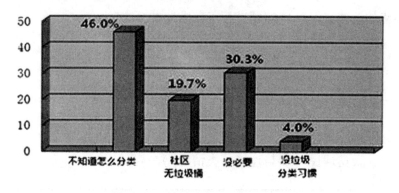

图4-40 垃圾分类处理阻碍原因

"垃圾围城"是一个形容词，说明当前垃圾处理工作形势严峻。"垃圾围城"病并非无药可解。关键是要站在资源循环利用、建设美丽中国高度，下定决心作为一个系统工程加以推进。一方面，政府高度重视，应将更多公共财政资金向垃圾处置问题倾斜，以严谨的态度和负责任的决断来制定垃圾处理政策法规，布局垃圾处置场所；另一方面，需要全民参与，从垃圾分类、减量开始，再加上改进焚烧技术等，争取提高资源回收率，垃圾围城难题终将被破解。

（三）近一年来周边生态环境的总体状况

整体上看，56.3%的受访居民认为近一年来周边生态环境的总体状

况有所改善，35.8%受访居民认为周边生态环境的没有变化，4.7%的
受访居民表示说不清，其余3.2%的受访居民认为周边环境的总体状况
在变差。数据显示，有接近六成的受访居民认可当地政府对生态环境的
治理水平，认为近一年来周边生态环境有所改善，但是也要清醒看到，
近四成受访居民对周边生态环境状况改善进展是不满意的，未来要加大
环境工作力度，让西部城市更加宜居。（详见图4－41 被访居民对"近
一年来周边生态环境的总体状况"看法）

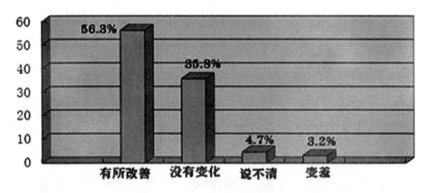

图4－41 被访居民对"近一年来周边生态环境的总体状况"看法

第五章　西部城市主观民生问题

第一节　西部城市少数民族的"幸福感"

当前，社会生活自主度不断扩大，公众的主体意识日益增强。"生活得怎么样"成了公众普遍关心的问题，于是"幸福感"就成了一个回避不了的话题。从心理学角度解释，幸福感是人们对客观现实生活状态的主观反映。它不仅与人们生活的客观条件密切相关，而且反映了人们的需求和价值取向。[①] 幸福感具有三个明显的特点：主观性，是指它的评定完全依赖于个体本人的标准；整体性，它是一种综合评价，包括对情感反应的评估和认知判断，是对生活的总体满意度；相对稳定性，主观幸福感主要测量长期而非短期情感反应和生活满意度。它是一个相对稳定的值，不随时间的推移或环境的总体变化而发生显著变化。[②] 学术界普遍认为，影响幸福感的客观因素主要有经济、文化、环境、社会

---

① 李焰. 幸福感研究概述 [J]. 沈阳师范大学学报（社会科学），2004，(2).
② 吴明霞. 30 年来西方关于主观幸福感的理论发展 [J] 心理学动态，2000，(4).

支持等。

幸福感涵盖积极情绪、消极情绪和认知评价三部分。参考已有研究成果，课题组设计问卷主要从"身心健康""家庭和谐""工作满意"三方面通过具体测试题问卷考察受访居民的幸福感。（详见表5-1四省会城市少数民族幸福感调查项目及得分）

表5-1　四省会城市少数民族"幸福感"调查项目及得分

调查项目	幸福感调查题目	单项得分	平均得分
身心健康	经常感觉身体某些部位特别不舒服	3.41	3.76
	经常担忧自己健康	4.14	
	情绪平稳处于良好状态	4.33	
	遇到难事会长时间情绪低迷	3.18	
家庭和谐	家是我温暖的港湾	4.67	3.94
	家人总能在我最困难的时候，给予支持	4.32	
	我宁愿加班也不愿意回家	3.23	
	与家人沟通困难	3.54	
工作满意	上班就是在混日子	3.54	3.72
	对自己的工作不感兴趣	3.35	
	目前的工作能很好地发挥自己的才能	4.26	

一、身心健康

人民健康应该放在第一位，它是民族昌盛和国家富强的基础和重要标志。"健康中国"从2016年的全国卫生与健康大会上的"优先发展战略地位"提升到党的十九大"实施健康中国战略"，充分说明了我们党对人民健康重要价值和作用在认识更加深入，在思想上高度重视。

党的十八大以来，以习近平同志为核心的党中央，基于国情提出了以人民为中心的发展思想，把维护人民健康作为治国理政的重要使命，着眼于全局、统筹安排，精心谋划，将民生作为治国理政的出发点，出台了一系列具有里程碑意义的新政策新举措，推动医药卫生体制改革由易到难渐次突破，蹄疾步稳不断深化，初步搭建起保障人人享有基本医疗卫生服务的制度框架，基本构建起与经济社会发展水平相适应的卫生与健康事业发展的政策体系，为推动中国健康的建设和解决中国医疗卫生体制改革的世界性问题奠定了坚实的基础。

健康是经济社会发展、民族昌盛和国家富强的基础，也是其重要标志。习近平总书记在多种场合一再强调，没有全民健康，便就没有全面小康。健康不仅仅影响幸福感，而且是评价幸福感的核心指标。身心健康对于个体幸福感至关重要，且随着年龄增长，其重要性越来越凸显。事实上，不仅老年人的健康状况值得关注，青壮年的身心健康同样是影响幸福感的重要因素。

（一）被调研城市少数民族"身心健康"总体状况

四个省会城市少数民族问卷调查显示，3.76 分的得分显示被调研群体的身心健康是积极向上的。测评题"感觉身体某些部位特别不舒服"为 3.41 分、"经常担忧自己健康"为 4.14 分、"情绪平稳处于良好状态"为 4.33 分、"遇到难事会长时间情绪低迷"为 3.18 分。从单项得分来看，受调查人群在日常情绪的良好状态上得分最高（4.33分），但二成以上居民担忧身体健康；大多数人日常情绪良好，但消极低迷情绪的持续时间较长，意味着面对挫折时的情绪调整能力有待进一步提升。

（二）不同人群的"身心健康"状况

从不同人群的得分看，不同群体间存在着一定的差异，主要体现在不同年龄、教育程度、收入、婚姻状况和户籍等群体差别之间。从年龄段来看，30 岁以下受访居民得分最高（3.58 分），30—59 岁之间居民得分中等（3.55 分），60 岁以上居民由于年龄增大身体机能衰退，得分降低为 3.32 分。由此可见，年龄对身心健康状况有重要影响。从教育程度看，本科及以上学历居民身心健康得分明显高于其他居民，为3.78 分。初中及以下学历居民得分最低，仅为 3.23 分。从月收入来看，月收入高的居民自我评价分数更高。月收入 6000 元以上居民得分3.82 分，月收入 4001—6000 元居民的得分 3.71 分，月收入 3001—4000元居民的得分 3.62 分，月收入低于 2000 元的居民得分最低，为 3.54分。从婚姻状况看，已婚无子女居民得分（3.65 分）高于已婚有子女居民（3.42 分）；已婚有子女居民通常经济压力和生活压力较大；未婚居民熬夜、电子游戏者众多，其不规律的生活方式，影响了其对身心健康的自我评价。从户籍状况看，本市户籍居民得分最高，为 3.51 分；无本市户籍的外来人口，得分较低，为 3.34 分。户籍有否与其经济收入、住房等生活紧密关联，对居民的身心健康状况影响不可小视。

二、家庭和谐

家庭关系是最重要的人际关系。作为一个个体，人们长期生活在家庭关系中。血缘关系和幸福的情感成分具有内在的一致性，是家庭成员之间的情感纽带。家庭和谐情感亲密，家庭氛围自然其乐融融，这种和谐关系又作用于个体心理，尤其是各种情感体验，从而显著影响幸福感。

家庭和谐无论在何种文化形式下都是人们永恒的追求。习近平总书记指出，"要把家庭幸福融入国家富强、民族复兴的伟业之中"。党的十九大以后，国家和政府对家庭幸福给予了高度重视，将这一问题的重要性提升到了国家富强民族复兴的战略层面。显然，在当代中国社会中，家庭的和谐幸福不仅是个人和私人领域的民生问题，也是中华民族伟大复兴整体目标的有机组成部分。

（一）被调研城市少数民族"家庭和谐"总体状况

良好的家庭关系是幸福感的重要来源，并对个体情绪有重要的积极影响。四个省会城市少数民族问卷调查显示，家庭和谐总体得分为3.94分，显示受访居民的家庭关系是温馨和谐的。测试题"家是我温暖的港湾"得分为4.67分，其中高达96.5%的受访居民选择"非常符合"和"比较符合"，认可与家人相处带给自己幸福感和愉悦感。"家人总能在我最困难的时候给予支持"得分为4.32分，近九成居民在困难时能得到家人支持，家人支持是走出困境的重要支撑力量，只有2.7%和0.3%的受访居民选择了"不太符合""很不符合"选项。测试题"我宁愿加班也不愿意回家"得分为3.23分，"与家人沟通困难"得分为3.54分。这二题是负向题目，选择"非常符合""比较符合"的比例分别为1.3%、9.6%，二者相加显示至少有超过10%的居民家庭归属感疏离。从得分看，家庭的理解功能和归属感方面得分偏低，尤其是家庭成员之间的沟通、理解方面还存在一定不足，某些外在因素削弱了家庭的归属感，影响了个体的幸福体验。

（二）不同人群的家庭和谐状况

从受访居民的学历看，小学及以下人群得分较低，为3.55分；初中学历人群得分3.71分；高中、大专、本科及以上人群得分别为3.77

分、3.82 分、3.92 分。说明较低文化程度的受访居民在家庭和谐度上自我调节能力相对较差。从受访居民的户籍来看，本市户籍居民得分4.02 分，无本市户籍的居民得分 3.59 分。这一差异显示，无本市户籍外来居民家庭要应对的生活问题比本地户籍者多，困顿的现实难题会打磨消解家庭和谐幸福感。从受访居民的月收入水平看，月收入在 6000元以上的人群总体上家庭和谐得分高于月收入 6000 元以下人群。这一差别具有显著性，显示收入对于家庭和谐度的影响较为明显，虽然收入高不一定会幸福，但收入低对生活幸福感有减分影响是不容置疑的事实。从受访居民的住房状况看，租房、商品房和保障房人群，得分分别为 3.58 分、3.99 分和 4.35 分。保障房人群家庭和谐得分远高于其余两组人群，这一差异具有显著性，住房稳定的居民家庭和谐度更高。从受访居民的年龄来看，得分最低的是 30 岁以下青年人群，得分最高的为60 岁以上人群。差异说明青年人在家庭方面的和谐度较低。从各分类来看，得分较高的分别为高学历、高收入、有保障房居住，有本市户籍人群以及 60 岁以上退休人群。

三、工作满意

就工作领域而言，是否有明确的工作目标、是否具备相应的工作能力和必要的家庭支持和帮助，是影响工作状态的重要因素。目标是情感系统重要的参照标准，它影响个体的心理情感、幸福体验和主观愿望。研究表明，研究表明，当一个人能够通过内在价值和自主选择追求目标并达到可行水平时，主观幸福感就会增加，即目标必须与人的内在动机或需求相适应，从而提高主观幸福感。[①]

---

① 陈妹娟. 主观幸福感研究综述 [J]. 心理与行为研究, 2003, (3).

（一）被调研城市少数民族"工作满意"总体状况

四个省会城市少数民族问卷调查显示，工作满意总体得分为 3.72 分，显示大部分受访居民工作是充实和有成就感的。测试题"上班就是在混日子"是一个负向问题，得分 3.54 分，其中有六成的受访居民选择"不太符合""很不符合"，但一成多受访居民感到工作无目标无意义，每天过得浑浑噩噩。测试题"对自己的工作不感兴趣"得分 3.35 分，选择"不太符合""很不符合"的比例合计为 60.6%，说明绝大多数被访者还是珍惜看重自己工作岗位的。在持相反观点人群里，30—39 岁年龄段居民认为工作没意义的比例最高，这一年龄段居民不仅遭遇了高房价，其中大多数人子女尚幼，家庭负担重，生活压力大，职场上处于"不上不下"的职业下层阶段，容易让这部分年轻人产生岁月蹉跎多年、前途未明的感叹。测试题"目前的工作能很好地发挥自己的才能"得分 4.26 分，其中选择"非常符合""比较符合"的两项比例之和高达 75.9%，七成人觉得工作与能力匹配。职业上层居民更认可工作发挥了自己的才能。职业上层、中层和下层认为工作很好地发挥自己才能的比例依次下降，这一比例趋势与学历和收入相符，学历高、收入高的居民更加认可自己工作和能力之间的匹配。

（二）不同人群对目前工作满意状况

从受访居民的月收入水平看，月收入 6000 元以上居民的工作满意得分最高。在市场经济的作用下，高收入高回报的职业往往与个体自身的高能力挂钩，同时也意味着要承担更大责任。因此，在一定意义上，高收入人群因为胜任工作，其能力得到认可，因此具有较高的自我肯定感，同时高收入保证了较好的生活质量，从而更好地激发了工作信心。

低收入、低教育程度、低职位阶层居民得分低，其中低职位阶层居民的工作满意度最低。这是因为低职位阶层往往是工作环境差、工作强度大、职业发展前景差、收入低的缩影，低职位阶层居民是真正意义上的弱势阶层，其幸福感的提升需要加强。此外，已婚已育受访居民对工作的满意度较低，这一群体需要承担照顾年幼子女的责任，家庭面临巨大的经济压力，在平衡家庭和工作之间面临更大的挑战。从受访居民的户籍状况看，非本市户籍居民对工作满意大大低于有本市户籍居民得分。因为有本市户籍有父母亲友在身边，生活中往往能得到较多支持和帮助，在一定程度上有利于他们更全身心投入工作，获得更好的职业报酬并建立起职业信心。

综上所述，从身心健康、家庭和谐、工作满意三个调查测试题来看，在12个测试题的回答中，超过一半以上受访居民选择了积极的答案。家庭和谐的得分最高，为3.94分；工作满意的得分次之，为3.83分；身心健康的得分最低为3.76分。从以上三个调查项目来看，受访居民的幸福感得分3.81分，幸福感较高。

第二节　西部城市少数民族的"信心度"

社会信心是一个心理学领域专业术语，也是反映社会生活质量的重要维度。社会信心是个综合性的学术概念，至今尚没有统一的界定。有学者认为，社会信心与社会发展或社会变革过程直接关联，是人们可立足于现实生活条件，对未来个人和社会发展的积极态度和期望评价。认为社会信心等同于心理健康，社会信心的强弱反映了心理健康状况的好坏，社会信心高，表示社会心理健康高。还有学者认为，社会信心主要是指被访者对国家各方面提出了新的看法和期望。① 有的学者认为，社会信心的关键在于凝聚民心，而凝聚民心的关键又在于政府公信力。② 很显然，这一个综合的概念。简言之，社会信心反映着特定的历史发展阶段，人们当前和今后一段时间内整个社会经济发展的预期判断和群体自信心。是一个比较复杂的个人与社会之间的互动系统，除了人们对总体社会发展状况和前景表现出的一种心理预期外，在各种具体的领域当中也存在着社会信心的问题，并反映在不同的群体身上，可能具有不同的预期水平和强弱程度，在不同群体身上有不同的影响。例如，在经济领域，可能有社会投资信心、社会消费信心等；在政治领域，可能有中国道路信心、政党信心、反腐信心、国家安全信心等；在社会领域，可能有小康社会目标信心、社会公共安全信心、社会道德信心、就业信心等。影响社会信心的因素，主要有年龄、收入水平、生活压力和社会支持体系。社会信心反映了人们对国家发展的期待，反映了人们对未来社会进步的希望。中国与世界社会发展的历史复地证明，一个国家在发展过程中遇到困难与曲折并不可怕，可怕的是这国家的人民对未来的发展失去信心，丧失希望。一个对未来没有信心与希望的民族不可能推动这个国家的社会发展，在这种状况下，政府的行为容易受到人们的质疑其合法性地位将受到严峻挑战。③ 因此，不管处于怎么样的发展阶段和状况，国民对自身和国家发展抱有强烈的自信心，对未来充满坚定有力的发展信心，是关系一个国家和民族持续繁荣发展的重要思想基础。判断

---

① 李汉林. 要注重和加强社会景气和社会信心的研究 [N]. 中国社会科学报，2012 – 12 – 31.

② 朱力. 公众信心聚散的社会心理学解读 [N]. 人民论坛，2013，05.

③ 李汉林. 要注重和加强社会景气和社会信心的研究 [N]. 中国社会科学报，2012 – 12 – 31.

西部城市少数民族群体的未来信心到底如何，无疑对城市政府管理制度与政策的适时调整具有重要的借鉴价值。

本项目根据调查研究的需要从社会心态出发，旨在了解西部城市少数民族群体对未来多方面的一种主观预期，为此主要从"个人发展""城市发展""国家发展"三个方面进行了社会信心的评判维度和标准，旨在对西部城市少数民族的发展信心做判断和了解，以便为政府处理好城市少数民族问题提供决策依据。（详见表 5 - 2 四省会城市少数民族"信心度"调查项目及得分）

表 5 - 2　四省会城市少数民族"信心度"调查项目及得分

调查项目	信心度调查题目	单项得分	平均得分
个人发展	1. 对自己职业发展前景的预期	4.48	4.62
	2. 对自己身体健康状况的预期	4.60	
	3. 对未来个人收入增加的预期	4.58	
	4. 对新时代拥有更多获得感的预期	4.8	
城市发展	1. 对未来生活的城市生态环境改善的预期	4.1	4.3
	2. 对社会风气、市民素质提高的预期	4.3	
	3. 对所在城市政府提供公共服务能力的预期	4.6	
国家发展	1. 对如期全面建成小康社会的信心预期	4.81	4.73
	2. 对中国未来经济增长的预期	4.58	
	3. 对我国反腐败形势的信心预期	4.82	

一、个人发展

个人发展信心主要包括"对自己职业发展前景的预期""对自己身心健康的预期""对未来个人收入增加的预期"和"新时代拥有更多获得感的信心预期"四个方面测试内容。

（一）对自己职业发展前景的预期

八层左右的被访居民中对自己的职业发展前景充满信心，但在不同年龄段、不同职业阶层之间具有显著差异。

一个人对自己职业发展前景的信心和预期，微观上直接关系着一个人对工作的态度与勤勉程度，宏观上决定一座城市的创新精神和创新能力。尽管当今国际形势风云变幻，世界面临百年未有之大变局，经济发展面临着转型发展的下行压力，但被访居民群体对自身职业发展依然充满着较高的信心，调查显示，62.8%被访居民"比较有信心"，18.4%被访居民"很有信心"，12.8%的居民"无所谓"，4.8%的居民"不太有信心"，仅有1.2%的居民"毫无信心"。（详见图5－1被访居民"对自己职业发展前景"的预期）

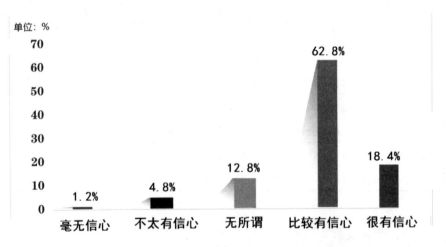

图5－1　被访居民"对自己职业发展前景"的预期

可见，面对职业发展，西部城市少数民族群体具有较强的自信心。同时也发现，职业发展预期是一个受多种因素影响的结果，根据调查数据，人们对其信心度与个体的性别并不存在显著的相关性，但与个体的职业层次和年龄具有一定的相关性。从职业层次来看,居民对职业发展前景的预期,表现出职业层次越高、对职业发展越抱有强烈的自信心。而职业层次越低,对职业发展前景越缺乏充分的自信心。从年龄结构来看,居民对职业发展的未来信心,表现为40岁以下的居民对自身职业发展普遍充满信心。对自身职业发展"很有信心"的人数比例,40岁以下居民的自信程度显著高于40岁以上居民,而50—59岁和60岁以上居民,对未来职业表现出了很低的自信程度以及普遍的无所谓态度,这比较符合个体职业发展的一般规律。(详见图5-2不同年龄对自身职业发展"很有信心"的比例)

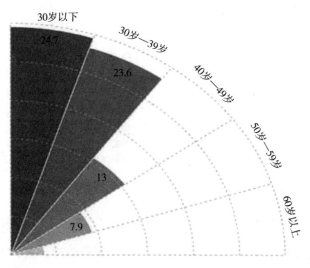

图5-2 不同年龄对自身职业发展"很有信心"的比例

(二) 对自己身体健康状况的预期

个体对自身身体健康的信心度,也是一个反映城市医疗卫生保障水平的重要指标。调查结果表明,近九层被访居民对自己身体健康状况并没有表现出多大的担忧,仅有少数被访居民对自己身体健康缺乏信心,同时发现，已婚无子女、高学历居民对自身健康状况更有信心。（详见图 5 - 3 被访居民"对自己身体健康状况的预期"）

如图 5 - 3 所示，被访居民对自身健康"很有信心"的有 730 人，"比较有信心"高达 1106 人，表示"无所谓"的 155 人、表示"不太有信心"的仅有 8 人，表示"毫无信心" 13 人。可见，被访居民总体健康水平依然较高。同时发现，居民对自己身体健康的信心度与婚姻状况、受教育程度等因素具有一定的相关性。

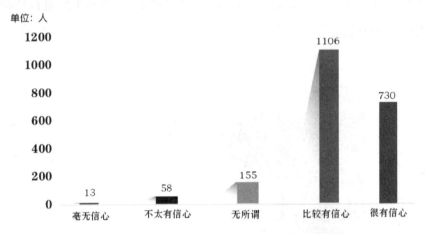

图 5 - 3　被访居民"对自己身体健康状况的预期"

婚姻状况是影响个人对自身健康状况信心度的首要因素。调查表明，在结婚已有子女、结婚无子女、未婚三类群体中，对自身健康的信心度从低到高依次是结婚有子女（84%）、未婚（90.5%）和结婚无子女（94%）。结婚有子女的被访居民感叹身心俱疲，他们既要应对职场的激烈竞争，又要承担抚育幼儿、辅导学业和照顾生病老人等繁重家务。这部分人面临着巨大生活压力挑战，自然对自身健康的信心度评价较低。受教育程度和学历程度，也是影响人们对自身健康预期的一个重要因素。调查表明，学历较高居民往往比较容易接受科学健康的生活方式，更加注重生活起居规律，因而他们对自己的身体健康表现出更大的自信心。

（三）对未来个人收入增加的预期

一般而言，随着经济的持续增长和发展，个体收入也将会得到同步增加，但在经济转型发展和新常态时期，特别是由于中美经贸摩擦以后，中国的经济发展普遍面临着巨大的下行压力和转型升级挑战。在这样的背景下，人们对自己未来经济收入的心理预期，在某种程度上反映着对城市的发展信心。调查结果表明，被访居民相信"未来个人收入会有所增加"的比例高达89%（"很有信心"29.1%、"比较有信心"59.9%二者合计比例数）、表示"无所谓"占8%、只有3%被访居民信心不足（"不太有信心"2.8%和"毫无信心"0.2%）。可见，除了极少数以外，绝大多数被访居民相信未来个人的经济收入会增加。（详见图5-4被访居民"对未来个人收入增加的预期"）

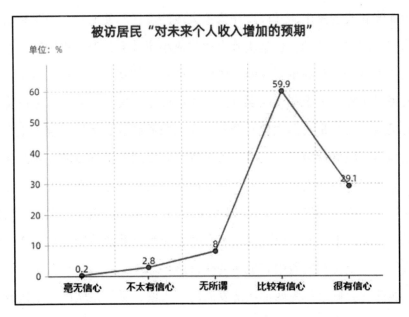

图5-4　被访居民"对未来个人收入增加的预期"

尽管绝大多数被访居民对自己未来的经济收入表现出了极大的自信心，但处于不同职业阶层、不同学历层次的居民对未来收入增加的信心预期还是差异巨大。从居民的职业阶层看，那些非管理岗位的一线劳动者群体，劳动强度大、工作职位提升机会微乎其微，工资收入增加幅度很有限，因而他们对自己未来经济收入增加的信心度明显不如高层管理工作者，也就是他们对自己未来经济收入增长预期缺乏应有的自信心。另外从不同学历层次来看，对个人未来经济收入的预期或信心，是随着学历程度的升高而增大，学历与收入具有正相关系。各学历层次被访居民对自己未来经济收入的信心度从低到高依次为：初中、高中、大专到本科，其中本科及以上群体信心较强。

（四）对新时代拥有更多获得感的预期

党的十九大后，中国特色社会主义进入新时代，中央政府坚持在发展中保障和改善民生，并以此作为重大政治责任和使命担当，是新时代治国安邦的重要基础，也是决胜全面建成小康社会，夺取中国特色社会主义伟大事业胜利的重要保障。中国共产党人的初心和使命，就是为中国人民谋幸福，为中华民族谋复兴。关注民生、关心民生、保障民生和改善民生，始终是我们党全心全意为人民服务红线和优良传统，也是我们党赢得人民群众信任和支持的力量源泉。发展的根本目的在于改善民生。只有牢牢抓住人民群众最直接、最现实的利益才能在发展中保障和改善民生。要为民谋利，为民分忧。补齐民生短板，更大范围更深层次地促进社会公平正义。以共同富裕和共享作为公共政策制定和实施的价值依循，让全民在发展中有更多的获得感。

西部省会城市作为西部经济发展的桥头堡，必须在城市民生建设与社会治理方面有新作为，必须确保了城市少数民族群体对"新时代拥有更大获得感"抱有较强的信心。调查数据结果表明,被访居民对"新时代拥有更大获得感"表示"很有信心"的有 26.8%,表示"比较有信心"达 65.7%,二者相加 92.5% 的被访居民相信,在新时代将会享受到城市经济增长的红利,持续产生足够的获得感。(详见图 5-5 被访居民"对新时代拥有更多获得感的预期")

图 5-5 被访居民"对新时代拥有更多获得感的预期"

二、城市发展

城市发展信心主要从"对未来生活的城市生态环境改善的预期""对社会风气改善、市民素质提高的预期""对所在城市政府提供公共服务能力的预期"三个方面来测试考察。

（一）被调研城市少数民族"城市发展"信心度总体状况

四个省会城市少数民族问卷调查显示，4.3分的得分显示被调研群体对所在"城市发展"信心度是充足的。测评题"对未来生活的城市生态环境改善的预期"为4.1分，79.8%的被访居民对居住城市未来生态环境质量表现出了强烈的信心，认为自己居住城市的生态将会越来越好。"对社会风气改善、市民素质提高的预期"为4.3分，被访居民中78.8%对所在城市的社会风气和市民素质抱有信心。"对所在城市政府提供公共服务能力的预期"为4.6分，不同的收入、学历、职业等因素对城市发展前景的信心度的影响并不存在非常明显的差异，但不同户籍居民对所在城市政府公共服务能力的信心上存在差异，非所在城市户籍居民的信心度比本地人落后接近10个百分点。

（二）对未来生活的城市生态环境改善的预期

在快速城市化和工业化发展的背景下，中国省会城市都普遍面临着生态环境恶化的压力和挑战，近年来我国各地出现严重雾霾天气，使得治理空气污染成为居民高度关注的热点社会问题，对居住的城市未来生态环境质量的变化趋向，居民也表现出了不同的态度和看法。总体而言，79.8%的被访居民（含"很有信心"23.1%和"比较要信心"56.7%）对居住城市未来生态环境质量表现出了强烈的信心，认为自己居住城市的生态将会越来越好；11.3%被访居民对未来生活的城市生态环境改善选择"无所谓"态度；8.2%的被访居民（含"不太有信心"8.2%和"毫无信心"0.7%）对城市未来的生态环境质量没有信心，认为环境质量将会越来越恶化。数据表明，不同群体对环境的看法并不存在较大的差异，说明人们对未来城市生态环境的变化趋势和前景信心与自己所从事的工作性质与社会地位并没有太大的相关性，这充分表明了居民对公益性问题具有一定程度的共同认识。（详见图 5－6 被访居民对"对未来生活的城市生态环境改善的预期"）

单位：%

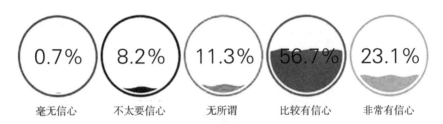

毫无信心　　不太要信心　　无所谓　　比较有信心　　非常有信心

图 5－6　被访居民对"对未来生活的城市生态环境改善的预期"

（三）对社会风气改善、市民素质提高的预期

被访居民中 78.8% 对所在城市的社会风气和市民素质抱有信心，只有 9.4% 的居民认为所在城市的社会风气和市民素质难以得到有效提升。

近年来，社会风气和市民素质成为社会大众关注的热点问题，普遍认为在中国经济不断创造奇迹的同时，社会风气和人们的素质并没有得到同步的提升甚至认为社会整体道德出现了滑坡的趋势。调查结果表明，所在城市对未来社会风气和市民素质的转变也表现出一定的信心度，如 78.8% 的居民（其中表示"很有信心"59.1%、"比较要信心"19.7%）认为所在城市社会风气和市民素质将会得到不断提升和改善，对此具有很大的信心；而 11.8% 的居民则对此"无所谓"；有 9.4% 的居民（其中含"不太有信心"7.1%、"毫无信心"2.3%）对此缺乏足

够的信心，认为社会风气和市民素质不会得到实质性的改善。这些看法，也与个体的收入、社会地位等因素并不存在非常显著的相关性。（详见图5-7被访居民"对社会风气改善、市民素质提高的预期"）

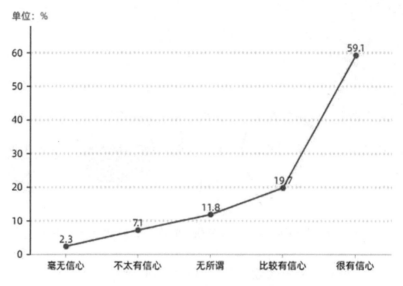

图5-7 被访居民"对社会风气改善、市民素质提高的预期"

（四）对所在城市政府提供公共服务能力的预期

中国特色社会主义进入新时代，人民对美好生活向往的广度和深度不断从生存需求型向发展享受型、从单一物质需求向多样化复合需求拓展。社会保障最基本的功能就在于为广大人民提供稳定的安全预期，解除其在生活中的后顾之忧，有了养老保险便不必担心年老退休后没有经济来源，有了医疗保险便不必担心遭受病痛时无力医治，有了失业保险便不惧怕短期失去工作，有了工伤保险便不至于因工伤丧失劳动能力后陷入困境，有了社会救助则不至于使低收入困难群体陷入生活绝境，还有养老服务、儿童福利、残疾人福利事业、基本住房保障，这些制度设计，目的就在于增进民众的福祉，提升其生活质量。因此，社会保障就是满足人民对美好生活需要的基本制度保障，建成社会保障体系是符合新时代人民对美好生活向往的重要举措。

政府努力改善和提高城市公共服务质量和水平，是城市深化改革的着力点。但需要指出的是，在居民对政府公共服务能力的信心度影响因素中，收入、学历、职业等因素对这一发展前景的信心度的影响并不存在非常明显的差异性，但有一个维度，就是不同户籍关系因素，对所在城市政府公共服务能力的信心上，存在着一定的差异。调查结果表明，关于对所在城市政府的公共服务能力，非所在城市户籍居民信心较缺乏，也就是说，非所在城市户籍居民对所在城市政府能否进一步提升公共服务能力，持有一定的怀疑态度，相反，所在城市户籍居民对所在城市政府的公共服务能力表现出较高的自信程度，如非所在城市户籍居民的"有信心"比例为 75.6%，所在城市户籍居民则为 85%，非所在城市户籍居民的信心度比本地人落后接近 10 个百分点。（详见图 5 - 8 不同户籍居民"对所在城市政府提供公共服务能力的预期"）

75.6%

非本地户籍

85.0%

本地户籍

● 非本地户籍　● 本地户籍

图 5 - 8　不同户籍居民"对所在城市政府提供公共服务能力的预期"

第六章　加快西部城市少数民族民生发展的
对策与建议

　　基于以上各章对西部城市少数民族民生问题的调研，课题组认为，要根本改变西部城市少数民族民生发展状况必须要在以下五方面采取有力措施。

第一节　西部城市少数民族"居民生活"对策建议

一、打造优势企业和现代工业

　　西部城市拥有丰富的自然资源，但缺乏先进的科学技术，国家应加大投资力度，引导西部城市充分利用这些资源，制定科学合理的经济发展计划，引入先进的科学技术，优化产业结构，提高相关产品的附加值。当前，西部城市企业的自主科技研发能力薄弱，据统计，2018年西部城市大中型企业获得专利授权数平均值（17598个），远远低于北京市（123496个）比例。西部12省会科技创新能力较强的城市依次是成都市（专利数57370个）、重庆市（专利数45688个）、西安市（专利数 31640 个) 和昆明市 (专利数 12401 个), 其余 6 城市专利数目均不上万, 其中呼和浩特市、拉萨市数据缺失不计。① (详见表 6 – 1)

表 6 – 1 2018 年西部十二个省会城市"专利授权数"情况表   单位: 个

西部省会城市	专利授权数	西部省会城市	专利授权数
成都	57370	兰州	5206
重庆	45688	银川	4361
西安	31640	乌鲁木齐	2105
昆明	12401	西宁	1936
贵阳	9113	呼和浩特	—
南宁	6156	拉萨	—
西部省会平均	17598	—	—
北京市	123496	—	—

目前我国东西部城市发展差距较大, 仅仅通过市场调节, 短时间内无法改变这一现状, 必须加强国家调控。国家出台相关政策, 支持西部企业从资源优势向经济优势转化, 形成传统优势产业、新兴产业和现代服务业协调发展的产业新格局, 实现科技转型。② 打造一批具有地区特点、民族特色的品牌产业, 从而带动西部城市发展, 为西部城市"稳就业"打牢基础。此外, 西部要加快发展城市特色民族经济, 将其纳入地方总体经济规划, 出台地方优惠政策, 扩大民族用品生产定点企业的生产规模, 大力激发城市民族贸易市场活力。具有民族特色的餐饮业、民族特需品供应都不应在城市消失, 此类民族生产经营企业应得到

---

① 数据来自: 中国城市统计年鉴. 2018: 国家统计局城市社会经济调查司编. 北京: 中国统计出版社, 2019. 3.

② 沙勇. 多元一体: 民族认同与国家认同整合机制研究 [J]. 青海民族大学学报 (社会科学版), 2015, 41 (01): 53 – 58.

地方政府大力扶持，形成有一定规模的现代化民族产业。

二、稳物价提升居民消费信心

近年来，在国际国内大的宏观背景下，市场流动性加快，通货膨胀预期加强，导致食品等生活成本快速上涨。快速上涨的物价，不仅对宏观经济发展有阻碍作用，还使得低收入人群原本拮据的生活更加艰难。调查数据显示，物价上涨成为受访居民最主要的生活压力来源，加重了居民的生活负担，在一定程度上增加了社会的不稳定因素。因此，解决西部城市民生难题第一步就是要平抑上涨的物价。保持物价稳定，有利于保证市场价格体系的正常化运行，从宏观层面拉动经济增长"三驾马车"稳定运行；而从微观角度来看，只有稳定物价，才能有效提高西部城市居民特别是低收入居民、弱势群体的生活水平，民心稳，才能拉动社会消费热情和盘活城市商业。因此，稳定物价是一项综合治理的系统工程，应从生产、流通、监管与预警等各个组成要素着手，平衡各方利弊，打好事关百姓生活的"持久战"。

三、建立各民族嵌入式居住格局

居住格局对民族交往有着重要的影响，彼此孤立、按民族成分选择的小聚居状态不利于民族间的交往交流，增加了各民族间的隔阂，不利于民族关系的和谐发展。为了维护民族团结、构建和谐民族关系，党和国家提出推动建立各民族相互嵌入的社会结构和社区环境。因此，在新型城镇化进程中，城市管理部门应针对少数民族流动人口的流入，以新型社区建设为切入口，改变过去分民族单独集中、各民族少有往来的居住习惯，推动在同一社区环境下多民族共同和睦生活，使进入城市中的少数民族流动人口改变传统封闭的生产生活方式，在嵌入式社区共同交往、共同交流、共同发展，享受着城镇化带来的成果。可以预见，嵌入式居住格局将成为未来各级城镇中多民族交往、交流、交融的大平台。

具体而言，要实现城市各民族嵌入式居住格局的实现，需要国家层面和地方政府共同合力推进。首先，国家统一制定"各民族相互嵌入式居住格局"指导思想和规划方案，明确各级政府的相关职责，通过行政手段助推"各民族相互嵌入式居住格局"在全国城市落地实施。其次，各城市政府应该充分调研当地的社会环境和民族分布情况，针对不同地区的情况，采取不同的方式建立各民族嵌入式居住格局。在传统民族聚居区域，不宜强推各民族嵌入式居住格局，但应为民族交往交流创造有利的制度条件和社会氛围；对于新进入城市的少数民族流动人口，不在安置在传统民族聚居区域，而是让其生活在条件较好的城市新建社区，让少数民族群众和汉族、其他民族生活在同一个社区，推进"各民族嵌入式居住格局"落地落实。

四、稳房价规范房屋租赁市场

房价过高问题是当前我国社会的一大民生问题，尤其是西部省会等一线城市的高房价对大部分民众而言都是不小的压力。政府应继续稳定房价，抑制房地产行业的泡沫，力求使房价涨幅与居民劳动收入增幅相一致，将房价控制在民众可以接受的范围以内，让老百姓通过辛勤劳动都能买得起房、住得上房。同时，必须大力推动房屋租赁市场健康发展，使少数民族流动人口能够享有满意、稳定的居所。当前，西部省会城市的出租房市场乱象丛生，管理混乱，"二房东"现象严重。因此，要建立针对性的出租房屋管理体系，明确责任制管理，打造城市街道、社区共同参与住房管理体系，维护住房市场的平衡发展。此外，政府应该加强廉租房与公租房的建设，使外来流动人口留得住，住得好。

第二节 西部城市少数民族"公共服务"对策建议

一、发挥学校教育积极作用

改革开放以来，西部城市大部分完成了由外部助力到内生动力的转换，但其人力资本积累仍然与全国平均水平和经济发达地区存在差距。以 2018 年的西部省会城市拥有普通本专科学生数为例，西部 12 省会城市平均值为 390099 人，均值远远低于北京市（581133 人）。西部 12 省会城市里，只有成都（840297 人）、重庆（762811 人）、西安（712810 人）、昆明（547277 人）和南宁（448999 人）超过了西部均值，其余 7 个西部省会城市拥有普通本专科学生数低于西部均值，人才储备不足的短板明显。[①] 课题组调研数据显示，西部城市少数民族居民希望加强家庭人力资本积累的愿望十分迫切，95% 希望子女能够接受更好的义务教育，初中毕业后并不想子女去读中等职业学校，除非成绩特别不理想才会考虑中等职业学校，80% 选择让子女继续就读普通高中，这些希望子女就读高中的受访者给出的最主要的理由是希望子女能够上大学。只有重视发挥学校教育积极作用，才能增强西部城市内生发展动力。学校教育有助于外来少数民族尽快融入城市生活，特别是少数民族青少年在学校学会说普通话、书写汉字，学习科学文化知识，提升科学素养，扩大视野与增强信心，为未来适应社会打下良好的基础。所以要持续推进义

---

① 数据来自：中国城市统计年鉴. 2018；国家统计局城市社会经济调查司编. 北京：中国统计出版社，2019. 3.

务教育优质均衡发展，为此，可以从以下三个方面对学校教育领域进行探索。

第一，教育评价要包容多元性。学校教育评价对一个人的成长有极大的影响，肯定或批评都会在对其未来人生产生的"标签"意味，在某种程度上相当于社会评价功能。当前，学校教育评价标准单一，只适合于评价部分成员，却用来强行要求所有的社会个体，强行规范所有的社会现象。这种单一教育评价，会抹杀青少年个体的差异性，既不利于文化多样性传承，也不利于教育和社会的健康发展。文化的多样性和社会生活的多元性、丰富性，决定了社会个体的差异性。只有改革教育评价，实现多元性，文化的多样性传承、社会生活的丰富性所面临的严峻形势才能得以缓解，教育对社会个体差异的尊重和个性优势的发挥所起的应有作用才能得以实现。

第二，学校管理要体现包容性。学校是宣传社会主流意识形态的重要场所，也是促进民族文化传承与变迁的重要力量，而民族文化变迁也在一定程度上成全了学校教育的发展。学校教育与民族文化相互融合形成教育合力，更激发了人们对民族文化的重视，更积极吸取民族文化有益成分，使学生从中受到感染和教育。这一方面执行了国家尊重风俗习惯的原则，另一方面也充分利用了地方民族文化教育力量，达到了传承民族文化的初衷。

此外，少数民族群众有着自身的文化背景，在接受城市主流社会文化时，二者的差异会在人们的心理层面产生一系列困惑，也折射在日常行为方式上。因此，接受城市主流文化，并非就等于能真正融入城市社会。所以要教育不仅仅局限在少数民族青少年，也要通过形式多样的宣传方式关注帮助城市少数民族群体尽快融入城市生活。

173

二、加强西部城市文化建设

在民族文化建设中，西部城市要把社会主义核心价值观融入民族文化传承与保护之中，使社会主义核心价值观理念成为人们自发的情感认同与行为习惯。但调研发现，西部城市的民族文化建设面临着诸多困难。

首先，民族文化保护的持续性动力不足。文化的重要传播载体是社会个体，个体的流动范围在一定程度上决定了某项文化传播的边界，个体的传播意愿和能力则决定了某项文化的传承是否久远。调查发现，当前各民族受访者认为本民族最具特色的文化类型出现了严重的趋同现象，即大多数人都认为本民族最具特色的文化类型只剩下了服饰、民居和节日。这会导致各民族在现代化背景下进行文化自觉时面临同质化难题，即各民族的特色文化类型都一样。这实际上是民族文化多元性的一种损失。相反，社会个体能够在日常生活中普遍用到的人生礼仪、道德规范等却较少被列为最具特色的民族文化类型。这些问题的存在，会导致年轻人在传承本民族文化类型的时候先天就缺乏一种自信及强劲动力。民族文化保护的持续性动力不足还表现在，从事民族文化保护与开发的主体不足，动力机制也不足。民族文化的保护在很多普通民众中并没有形成强有力的行动合力。而想从事开发的企业主体，又很难找到持续盈利的空间，市场介入的动力也不足。问卷分析发现，西部城市各民族的文化传播交流途径主要局限于初级群体和次级群体间的交流，这种渠道恰恰与西部城市人口流动加速的趋势不符。因此，西部城市民族文化保护缺乏持续性动力的难题不可回避。

其次，居民参与社区基本公共文化服务的积极性不强，参与程度不高。问卷分析表明，西部城市基层社区的基本公共文化设施投入总量相对不足，仅有40%左右的受访者表示所在社区拥有文化活动室，而表示拥有阅报栏、网络场所的比例较低。2018年西部十二个省会城市中，只有4个城市的公共图书馆图书藏量1000万册以上，成都市2293万册、重庆市1808万册、西安市1407万册、南宁市1021万册，图书藏量排位末三位的是西宁市181万册、兰州市139万册、拉萨市40万册。西部城市内部公共文化资源差距颇大。从拥有博物馆的数量来看，古都西安历史文化底蕴深厚，排名西部第一，拥有101个博物馆；重庆市紧随其后，拥有100个博物馆；昆明市拥有36个博物馆、成都市35个博物馆、兰州和西宁市分别拥有29个、13个博物馆，西部省会其余6城市博物馆数目均为个位数。（详见表格6-2 2018年西部省会城市公共文化设施情况）①

表6-2　2018年西部城市图书馆图书藏量博物馆情况

西部省会城市	公共图书馆图书藏量（万册）	博物馆（个）
呼和浩特	198	5
南宁	1021	8
重庆	1808	100
成都	2293	35
贵阳	597	9
昆明	317	36
拉萨	40	6
西安	1407	101
兰州	139	29

---

① 数据来自：中国城市统计年鉴. 2018：国家统计局城市社会经济调查司编. 北京：中国统计出版社，2019. 3.

西部省会城市	公共图书馆图书藏量（万册）	博物馆（个）
西宁	181	13
乌鲁木齐	373	9
银川	326	6

相比基本公共文化服务供给不足，更严重的问题在于群众的参与程度不高。除文化健身广场人头攒动外，受访者平时比较多的利用文化活动室的人数占比均不超过20%，利用阅报栏和网络场所的人数比例则低于10%。总体而言，受制于西部城市文化建设存在的诸多短板，加之新型城镇化浪潮冲击、网络社会价值观多元化、"一带一路"建设推动城市交流的国际化等态势，在这个大变局大发展时代背景下，不断强化中华民族共同体意识，加强西部城市公共文化服务供给比以往任何时候更显急迫。

面对日益增多进入城市的少数民族群众，面对多元的少数民族文化，城市的管理者要正确看待西部城市文化建设的复杂性，应该坚持"和而不同，多元互补"的原则，尊重少数民族文化，把少数民族文化融入城市文化大家族中。具体来说，多民族的城市应当做好以下几个方面的工作。首先，城市管理者应提供专项资金和划拨土地，为少数民族文化发展建立相对固定的场所。在城市中发展和传承民族文化，需要一定的经济条件和活动空间，否则发展和传承民族文化只是一句空洞的口号。其次，创新活动形式弘扬少数民族文化。城市管理者可以通过兴办民族学校、设立民族教育机构、举办社区联谊和举办饮食、服饰等各类民族文化艺术节庆活动，举办民族文化展览，开设讲座，宣传当地相关少数民族的特色文化。最后，城市管理者可以通过创作高质量的电影、电视剧、宣传片、摄影展等来宣传本地区少数民族的特色文化。特别是在没有世居少数民族的城市，市民对其他民族同胞的生活习性、宗教信仰、民族文化等不太了解，因此容易因为不了解而造成冲突和纠纷，相关城市管理者有义务宣传少数民族特色文化，帮助市民了解少数民族，构建"和而不同、多元互补"的城市文化氛围。

三、加大基础设施建设力度

东西部城市相比较而言，东部城市具有明显的区域优势。自改革开放以来，东部城市利用地处沿海的区域优势，通过引进外资等方式，大力发展外向型经济，带动了当地经济的腾飞。而西部城市地处内地，缺乏区域优势，不利于外向型经济发展，也不具备扩大消费的潜力，只能通过投资的方式带动城市经济发展。西部城市在通信、水利、铁路、公路、桥梁、能源等基础设施方面比较落后，成为经济发展的短板。国家需要继续加大对西部城市基础设施建设的投入力度，使其交通、能源、通信三大体系水平整体提升，逐步达到东部发达城市的基础设施水准，为西部城市发展创造条件。

四、推进社会保障制度改革

社会保障制度保障全体社会成员的基本生存和生活需求，是兜底民生的一道防线，也是衡量一个社会文明进步程度的重要指标，能够促进社会和谐，对建设和谐社会具有重要意义。调查数据显示，西部城市有本市户籍的少数民族居民参加医疗保险和养老保险的比例较大，而且医疗保险对于缓解家庭医疗费用压力具有积极意义。但城市不同职业群体参保意愿差距较大，针对在调查中发现的问题，我们可以从以下几个方面对社会保障制度进行改革。首先，社会保障覆盖范围要进一步扩大，要联网对接少数民族农民工在农村户籍地社保机构，打造流出地、流入地社保信息一体的社保体系。对城市户籍的无业失业、低收入的少数民族贫困家庭进行重点扶助，把最需要帮扶的群体纳入社会保障体系之中。缩小区域差距，建立系统化、多元化、一体化的社会保障体系，使社会每个成员都能享受到国家经济发展的成果。其次，坚定不移地推行养老保险双轨制"并轨"的改革，使机关、事业和企业不同单位之间养老保险制度逐渐实现统一化，不因单位性质而产生不同养老金费用差别，让工作在各行各业的群众享受到平等的退休待遇，体现社会公平，努力促进社会稳定。最后，加强社会保险资金的管理与监督工作。养老保险资金是退休群体的主要生活来源，养老保险资金的市场化改革是大势所趋，让资金安全又增值符合群众的根本利益。如何优化对数额庞大的社会保险资金的管理并实现增值，是管理者需要考虑的问题，当然这一过程必须在阳光下运行，接受群众监督。

第三节　西部城市少数民族"公共安全"对策建议

一、重视城市少数民族权益保障

建国初期，我国的城镇化发展落后，广大少数民族群众主要分布在农牧区。为保障少数民族的权益，我国将保障少数民族政治平等作为民族政策的重中之重，通过在民族聚居地区设立各级地方自治政权来落实少数民族政治权利。改革开放以来，我国城镇化发展迅速，吸引了众多的外来人口加入。为了改善经济条件，少数民族也纷纷离开农村进入各级城镇，经济条件较好的西部省会城市成为少数民族首选进入地，少数民族人口规模在城市的占比越来越大，在牧区和农村中逐渐缩减。由此，西部城市民族工作逐渐凸显出其重要性，其中，城市少数民族民生状况和权益保障工作尤为值得关注。

建立健全和完善西部城市少数民族权益保障体系，需要从以下几个方面着手：一是尽快出台保护散居少数民族的保障法。及时制定相应的保障法，将城镇少数民族权益保障纳入其中，能够有效保障城镇少数民族流动人口的权益。二是扎实贯彻党的民族政策。党和国家一直以来十分重视城市民族工作，并制定了一系列具体的方针政策来保障少数民族的权益，促进少数民族地区发展。但由于部分工作人员缺乏民族工作经验，对党的民族理论和政策理解不到位，加上工作责任心不强，贯彻落实民族政策不扎实，使得城市少数民族的权益保障落实受到一定程度的影响。因此，应当进一步强化和完善监督机制，确保党和国家的民族政策能够得到切实的贯彻执行。三是健全城市少数民族专门工作机构。目前部分城市没有专门编制设置少数民族事务管理部门，有的简单挂靠在统战等部门，就是一块办公招牌，没有工作人员实际处理少数民族事务，导致城市少数民族相关事件无人问津。四是充分发挥少数民族社会团体的作用。进入城市的少数民族流动人口，人生地不熟，其社会交际网络仍然基于传统的族缘、血缘、地缘为主的乡土关系，如少数民族同胞的亲朋好友等熟人社会圈。这种乡土关系网络仍属于传统的民间互助型关系，在发展的过程中，在城市里逐步形成了特色的民间组织和社会团休，如中国伊斯兰教协会、少数民族联谊会等。这些少数民族社会团体，可以在政府和少数民族流动成员之间搭建桥梁，上通下达，将少数民族流动人口与流入地的民委、宗教局连接到一起，帮助少数民族流动者了解城市管理条例、法律法规政策等，引导其在重要事情上向政府寻求帮助，使他们的具体问题和相关诉求能够及时传达到相关政府部门。

二、建立少数民族流动人口智慧信息库

在新型城镇化背景下，少数民族跨区域流动规模持续扩大，甚至出现信息不畅盲目流动，所以进一步完善少数民族流动人口的有序化管理迫在眉睫。流入地城市依托互联网建立网格化的少数民族流动人口智慧信息库，按网格对信息进行采集、管理和共享。具体可以从以下几个方面开展。首先，建立少数民族流动人口智慧信息库。城市的少数民族流动人口主要选择工厂务工、个体经营、流动售卖特色民族产品这几种就业方式，他们的活动范围并不完全固定，流动性较大，在治安、卫生管理等方面工作难度较大，需要城市各职能部门相互配合。为了有效掌握本地区少数民族人口分布和变动情况，可以通过实施网格化信息采集制度，建立少数民族流动人口数据信息系统，从而实现有效的管理和服务。其次，完善信息系统的对接，加强少数民族流出地和流入地之间的信息交流。少数民族流入地和流出地属于不同的地区，两地各有独立的信息系统，但由于种种原因，两地的信息系统无法实现有效对接，无法准确掌握少数民族流动人口的流动信息，导致信息系统不能发挥其应有的作用。要解决这一问题，需要流入地和流出地建立统一的信息采集模式，实现两地信息对接，共同为少数民族流动人口提供服务和管理。最后，建立完整的动态管理信息库，实时共享采集的信息和数据。通过建立数据库，掌握在西部城市少数民族流动人口的分布和变动信息，与其他省区市建立经常性联系，形成情况通报机制。推动传统的信息数据统计模式向"互联网＋"的大数据平台转变，为新时代民族工作注入强大动能，提升城市民族工作的智慧化水平。

第四节　西部城市少数民族"生态文明"对策建议

一、摸清西部城市生态家底

通过政府公开出版的客观统计资料数据，先摸清西部省会城市生态家底，结合调研问卷情况，从空气质量、水资源、城市绿化、垃圾处理等方面展开对策分析。（详见表6-3西部省会城市生态文明情况）

表6-3　西部省会城市生态文明情况

西部省会城市	水资源总量（万 m³）	绿地面积（公顷）	建成区绿化覆盖率（%）	PM2.5（微克/立方米）	污水处理厂集中处理率（%）	生活垃圾无害化处理率（%）
呼和浩特	114636	15328	40.31	36	98.77	98.89
南宁	1442000	39999	42.36	34	82.95	98.86
重庆	5242438	64778	40.35	40	93.50	100
成都	—	34094	41.33	51	—	99.00
贵阳	480800	19679	40.11	32		97.80
昆明	650600	17048	41.93	28	93.39	99.68
拉萨	922200	—	—	20	46.69	95.98
西安	219000	31088	38.75	61	94.02	99.80
兰州	35272	8282	36.94	47	96.00	99.39
西宁	—	3854	40.50	45	76.80	95.10
乌鲁木齐	108816	30162	41.90	55	98.73	99.97
银川	18280	10302	42.02	38	95.50	100
西部平均	923404	24965	40.5	40.58	87.6	98.7

最近几年，我国北方大部分地区饱受雾霾天气侵扰，空气质量问题已经严重影响人们正常生活与工作。课题组主要以"PM2.5 数值"考核空气质量。西部省会城市 PM2.5 平均值是 40.58 微克/立方米，其中，有 7 个省会城市 PM2.5 数值低于均值。在这 7 个省会城市中，拉萨市空气质量最优，PM2.5 数值只有 20 微克/立方米；昆明（28 微克/立方米）、贵阳（32 微克/立方米）、南宁（34 微克/立方米）、呼和浩特（36 微克/立方米）、银川（38 微克/立方米）、重庆（40 微克/立方米）依次排位在 2－7 名。数据显示西部城市整体空气质量尚好，但西安市、成都市、兰州市和西宁市空气质量相比偏差。"污水处理厂集中处理率"呼和浩特市以 98.73% 名列第一名，乌鲁木齐市 98.73% 排名第二。但是拉萨市只有 46.69%，排名最末。

按水资源总量排序，西部省会城市中排在前 4 位的分别是重庆（5242438 万立方米）、南宁（1442000 万立方米）、拉萨（922200 万立方米）和昆明（650600 万立方米），西北的银川市、兰州市水资源总量稀少，严重制约当地生态恢复速度。统计年鉴里成都市、西宁市数据缺失，目前统计西部 10 个省会城市水资源总量平均值为 923404 万立方米，其中只有重庆市、南宁市两个城市的水资源总量高于西部省会城市平均值。

西部省会城市绿地面积排位前三名均为西南地区省会城市，重庆市 64778 公顷、南宁市 39999 公顷和成都市 34094 公顷。西北地区省会城市，只有西安、乌鲁木齐市绿地面积较多，西安 31088 绿地面积、乌鲁木齐市 30162 绿地面积，兰州市、西宁市名列末尾。西部省会城市绿地面积平均值为 24965 公顷，有 5 个城市绿地面积（重庆、南宁、成都、西安、乌鲁木齐）超过平均值。西部省会城市建成区绿化覆盖率平均值为 40.5%，只有南宁市、昆明市、乌鲁木齐市和银川市城市建成区绿化覆盖率高于西部平均值，其中"绿城"南宁以42.36%夺冠，称号实至名归。在这些省会城市中，有9个城市建成区绿化覆盖率超过40.0%，整体生态系统向好，但距离西部平均值还有一段距离。

生活垃圾无害化处理率方面，重庆市和银川市达到100%处理率，其余城市除了拉萨市偏低（95.98%）外，其余城市都接近99%。加大西部城市环保投入，提高环保执行力度，增进生态环境保护的综合效果迫在眉睫。

二、妥善处理好生态保护与经济发展的关系

西部城市经济基础相对薄弱，人民改善经济生活水平的愿望更为迫切，一些地方领导还未能及时转变原有的只关注经济增长的思想观念。当前，应当认真贯彻落实新发展理念，改变只抓经济不顾环境的观念，正确认识经济发展与生态保护之间的辩证关系，从根本上认识生态文明建设的重要性与必要性，真抓实干，加强监督，切实贯彻落实党中央、国务院的相关政策部署。西部城市作为生态保护的重点战略地区，在具体实施生态保护政策的过程中会涉及中央政府和地方政府之间，不同地区的政府之间，政府与企业、老百姓之间等多个主体的发展诉求平衡和利益分配问题。因此要在总体上处理好保护与发展的关系。具体而言，一是要按照依法治国的总要求，加强生态保护的立法，让各项关系的处理和利益分配有法可依，在执法中形成清晰稳定的处理机制。二是提升生态保护的治理能力，在实施生态保护政策和具体项目中，尽量实现生态资源保护与产业、就业互促共进，兼顾实现双重目标。三是明确生态保护是一个长期使命，不是三五年就有明显成效的，要健全生态保护补助奖励政策，保持生态保护的定力。随着人民生活水平的不断提高，人们对生态环境的要求越来越高，生态环境在幸福指数中的分量不断加

大，用"绿水青山"生产出更多满足群众需求的生态产品成为新时期经济发展的新动力。西部城市多为我国生态基础较好地区，拥有丰富的"绿水青山"资源，应该努力产业发展，并以此为契机全面把握住这宝贵时机，大力推动绿色节能环保产带动西部城市经济的转型升级。①

第五节　西部城市少数民族"民意感知"对策建议

一、规范少数民族事务管理职责

城市少数民族流动人口的管理工作面临新形势、新任务和新要求。总体来说，牵涉面广，工作繁杂。横向上，牵涉到民族、食品、城管、治安、餐饮等各个管理机构；纵向上，牵涉到城区、街道、小区等职能机构。对于不同的事务要明确各级部门管理职责，做到不混乱，不推脱，权责分明。对于管理事务细则的制定，要详细具体，针对性强，并落实到具体的负责人，从而有针对性地解决少数民族流动人口各方面的管理问题。在修订相关的少数民族管理条例等内容时，应着眼于能够落实执行，确保条例的可实施性，为提升少数民族流动人口的管理现状做出有效改善。吸纳少数民族参与到各街道的民族宣传活动策划与组织中，这不仅可有效提升城市民族管理工作效率，同时也能储备和培养民族管理人才。同时，开办少数民族服务工作讲座，重点进行就业和卫生知识方面的普及，逐步完善和壮大城市少数民族管理队伍。

---

① 数据来自：中国城市统计年鉴. 2018：国家统计局城市社会经济调查司编. 北京：中国统计出版社，2019. 3.

二、构建流动人口的社会支持网络

人口流动的过程实际上也是流动人口再社会化的过程，要想这一过程顺利，需要寻找相应的载体，构建相应的平台，为流动人口提供良好的社会支持网络。流动人口由农村流入城市，基于血缘和地缘的原有社会关系网络被打破，失去了其过去长期依靠的社会支持系统，导致抵抗社会风险的能力降低。流动人口在城市生活的载体是社区，如果通过社区这个载体，在城市构建一个类似于乡村的熟人社会，建立流动人口在城市交往的社会网络，弥补由于离开农村所带来的社会资本的缺失，无疑将有利于流动人口再社会化，对促进流动人口真正融入城市具有重要意义。

目前国家需要建立健全流动人口社区参与的各项机制。逐步放宽社区选民资格限制，引导符合条件的流动人口参与基层选举，扩大流动人口的政治参与；积极组织开展社区活动，鼓励本地居民和流动人口共同参与；发挥当地政府机构、居委会、社会组织、社区所在的经济组织、居民群众等多元主体的作用，建立流动人口参与社区事务的网络；发挥平台作用，挖掘多方资源，建立健全针对部分弱势流动人口群体的多元互助和协调机制；等等。流动人口通过社区这个平台，参与社会活动、参加社区管理和决策，享受社区提供的公共服务、构建社会关系，融入社区，形成社区意识，实现不同群体在社区的和谐共处。

参考文献

一、专著

毛泽东. 毛泽东文集（第 1 - 8 卷）［M］. 北京：人民出版社，1993 - 1999.

毛泽东. 建国以来毛泽东文稿（第 1 - 13 册）［M］. 北京：中央文献出版社，1988 - 1998.

刘少奇. 刘少奇选集（下卷）［M］. 北京：人民出版社，1985.

中共中央文献编辑委员会. 周恩来选集（上下）［M］. 北京：人民出版社，1984.

中共中央文献研究室. 周恩来年谱（1949 - 1976）上下［M］. 北京：中央文献出版社，1997.

陈云. 陈云文选（第 1 - 3 卷）［M］. 北京：人民出版社，1995.

邓小平. 邓小平文选（第 1 - 2 卷）［M］. 北京：人民出版社，1994.

邓小平. 邓小平文选（第 3 卷）［M］. 北京：人民出版社，1993.

孙中山. 孙中山选集［M］. 北京：人民出版社，1956.

国家民族事务委员会. 中央民族工作会议精神学习辅导读本（增订版）［M］. 北京：民族出版社，2019.

中共中央文献研究室. 邓小平思想年谱（1975 - 1997）［M］. 北京：中央文献出版社，1998.

中共中央党史研究室. 中国共产党历史，第 1 卷（1921 - 1949）上、下册［M］. 北京：中共党史出版社，2011.

中共中央党史研究室. 中国共产党历史，第 2 卷（1949 - 1978）上、下册［M］. 北京：中共党史出版社，2011.

中共中央文献研究室. 建国以来重要文献选编（1 - 5 册）［M］. 北京：中央文出版社，1992 - 1993.

中共中央文献研究室. 十四大以来重要文献选编（上、中、下册）［M］. 北京：人民出版社，1996 - 1999.

中共中央文献研究室. 十六大以来重要文献选编（上、中、下册）［M］. 北京：中央文献出版社，1996 - 1999.

胡乔木. 胡乔木回忆毛泽东［M］. 北京：人民出版社，1994.

辞海编辑委员会. 辞海（1999 年版缩印本）［M］. 上海：上海辞书出版社，2000.

国家民委政策研究室. 国家民委民族政策文件选编（1979 - 1984）［M］. 北京：中央民族学院出版社，1988.

国家民族事务委员会政策研究室编. 中国共产党主要领导人论民族问题［M］. 北京：民族出版社，1994.

龚育之，石仲泉. 马克思主义中国化研究—历史进程和基本经验［M］. 北京：北京人民出版社，2009.

国家统计局城市社会经济调查司. 中国城市统计年鉴 - 2019［M］. 北京：中国统计出版社，2019.

国家统计局新疆调查总队.1978－2018改革开放40年：新疆人民生活 ［M］.北京：中国统计出版社.2018.

国家统计局社会科技和文化产业统计司.2019中国社会统计年鉴 ［M］.北京：中国统计出版社.2019.

国家民族事务委员会经济发展司，国家统计局国民经济综合统计司 .中国民族统计年鉴（1949－1994）［M］.北京：民族出版社，1994.

国家民族事务委员会经济发展司，国家统计局国民经济综合统计司 .中国民族统计年鉴2017［M］.北京：民族出版社，2018.

国家民族事务委员会经济发展司，国家统计局国民经济综合统计司 .中国民族统计年鉴2018［M］.北京：民族出版社，2019.

国家统计局人口和就业统计司，中国人口和就业统计年鉴（2019） ［M］.北京：中国统计出版社，2019.

国务院人口普查办公室，国家统计局人口和就业统计司.中国 2010年人口普查资料［M］.北京：中国统计出版社，2012.

卫生部统计信息中心.中国卫生统计年鉴2018［M］.北京：中国 协和医科大学出版社，2018.

国家统计局国民经济综合统计司.中国区域经济统计年鉴2016 ［M］.北京：中国统计出版社，2016.

国家民族事务委员会.中国共产党关于民族问题的基本观点和政策 ［M］.北京：民族出版社，2002.

国家民委政策研究室.中国的民族事务［M］.北京：民族出版社， 2009.

黄光学.当代中国的民族工作（上）［M］.北京：当代中国出版 社，1993.

金炳镐.中共民族理论研究三十年［M］.北京：中央民族大学出

版社，2000.

金炳镐. 新中国民族政策60年 [M]. 北京：中央民族大学出版社，2009.

金炳镐. 新中国民族理论60年 [M]. 北京：中央民族大学出版社，2010.

金炳镐. 中国民族自治区的民族关系 [M.] 北京：中央民族大学出版社，2006.

金炳镐. 中国共产党民族工作发展研究（全3册）[M]. 北京：中央民族大学出版社，2007.

金炳镐. 中国改革开放以来的民族理论研究（1978-2006上下）[M]. 北京：中央民族大学出版社，2007.

国家民委民族问题研究中心. 中国民族自治地方发展评估报告：民族问题研究系列报告 [M]. 北京：民族出版社，2006.

吴仕民. 民族问题概论 [M]. 成都：四川人民出版社，2007.

王希恩. 当代中国民族问题解析 [M]. 北京：民族出版社，2002.

姚慧琴，任宗哲. 西部蓝皮书：中国西部经济发展报告（2010）[M]. 北京：社会科学文献出版社，2010.

龚志祥. 民族政策过程及实证分析 [M]. 北京：中央民族大学出版社，2010.

钟世禄. 中国共产党在边疆少数民族地区执政方略研究 [M]. 昆明：云南人民出版社，2010.

李红梅. 中国共产党民族地区现代化思想及实践研究 [M]. 北京：中央民族大学出版社，2009.

熊文钊. 少数民族受教育权保护研究 [M]. 北京：中央民族大学出版社，2010.

张文香. 中国少数民族生存权与发展权理论研究 [M]. 北京：中央民族大学出版社，2010.

高建华. 民族地区公共政策有效执行研究：以广西龙胜各族自治县政策执行为例 [M]. 北京：中国社会科学出版社，2010.

马林. 民族地区可持续发展论 [M]. 北京：民族出版社，2006.

赵德兴. 社会转型期西北少数民族居民价值观的嬗变 [M]. 北京：人民出版社，2007.

蔡昉. 中国劳动与社会保障体制改革30年研究 [M]. 北京：经济管理出版社，2008.

唐新民. 民族地区农村社会保障研究 [M]. 北京：人民出版社，2008.

丁宁宁，葛延风. 构建和谐社会：30年社会政策聚焦 [M]. 北京：中国发展出版社，2008.

徐道稳. 迈向发展型社会政策：中国社会政策转型研究 [M]. 北京：中国社会科学出版社，2008.

景天魁. 底线公平：和谐社会的基础 [M]. 北京：北京师范大学出版社，2009.

郭彦森. 变革时代的利益矛盾与社会和谐 [M]. 北京：知识产权出版社，2008.

连玉明，武建忠. 民生治政 [M]. 北京：中国时代经济出版社，2009.

董云川. 大学文化的传承与创新云南大学个案研究 [M]. 云南大学出版社，2006、

何龙群. 中国共产党民族政策史论 [M]. 北京：人民出版社，2005.

郝时远．中国共产党怎样解决民族问题［M］．南昌：江西人民出版社，2011．

郭大方，李明辉．中国共产党六十年执政理念的探索与实践［M］．北京：国防工业出版社，2010．

于慧颖．中国共产党民生思想研究［M］．北京：中国社会科学出版社，2013．

吴毅君．中国共产党的执政能力建设现实取向研究［M］．重庆：西南交通大学出版社，2010．

邓伟志，和谐社会与公共政策［M］．上海：同济大学出版社，2007．

吴忠民，韩克庆．中国社会政策的演进及问题［M］．济南：山东人民出版社，2009．

高书生．社会保障改革何去何从［M］．北京：中国人民大学出版社，2006．

朱力．当代中国社会问题［M］．北京：中国社会出版社，2009．

孙凤．和谐社会与主观幸福感［M］．北京：科学出版社，2008．

洪名勇，姚慧琴．西部民生与反贫困研究［M］．北京：经济科学出版社，2013．

北京师范大学政府管理学院著．2018中国民生发展报告［M］．北京：北京师范大学出版社，2019．

国务院发展研究中心课题组．民生为本：中国基本公共服务改善路径［M］．北京：中国发展出版社，2012．

周健．广西民族团结的历史与现实研究［M］．贵阳：贵州民族出版社，2003．

肖永孜．中国西部概览［M］．北京：民族出版社，2000．

王杰秀，邹波编著．中国民生民政系列丛书中国社区治理创新上下［M］．北京：人民出版社，2019．

周建新，雷韵．当代中国边疆．民族地区典型百村调查：广西卷（第二辑）［M］．北京：社会科学文献出版社，2011．

中国都市人类学会秘书处．城市中的少数民族［M］．北京：民族出版社，2000．

江曼琦．少数民族经济发展与城市化问题研究江［M］．北京：经济科学出版社，2000．

马胜春．中国城市少数民族流动人口的生活适应性研究［M］．北京：中国财政经济出版社，2013．

广西壮族自治区地方志编纂委员会．广西通志—民族志（上下册）［M］．南宁：广西人民出版社，2009．

郑功成．关注民生—郑功成教授访谈录［M］．北京：人民出版社，2004．

郑功成．科学发展与共享和谐：民生视角下的和谐社会［M］．北京：人民出版社，2006．

马戎．西部开发中的人口流动与族际交往研究［M］．北京：经济科学出版社，2012．

胡鞍钢．中国：民生与发展［M］．北京：中国经济出版社，2008．

雷国珍，肖万春．民生中国［M］．长沙：湖南人民出版社，2008．

柳礼泉．新中国民生六十年［M］．长沙：湖南大学出版社，2009．

刘扬．北京市居民民生感知问题研究报告［M］．北京：经济科学出版社，2010．

张强．广东民生问题与政府行为研究［M］．广州：广东教育出版社，2010．

李吉和，马冬梅，常岚，哈尼克孜，卢时秀．流动、调适与融入城市少数民族流动人口调查［M］．武汉：华中科技大学出版社，2016．

单菲菲．城市多民族社区治理［M］．北京：社会科学文献出版社，2019．

伍小涛．建构与认同：新中国民族工作研究（以贵州省为例）（1949－1956年）［M］．北京：民族出版社，2010．

徐世英．少数民族地区民生状况统计分析与预测［M］．北京：中央民族大学出版社，2010．

党秀云．民族地区公共服务体系创新研究［M］．北京：人民出版社，2009．

高建华．民族地区公共政策有效执行研究［M］．北京：中国社会科学出版社，2010．

张冬梅．中国民族地区经济政策的演变与调整［M］．北京：中国经济出版社，2010．

国家卫生健康委员会．中国流动人口发展报告［M］．北京：中国人口出版社，2018．

二、论文

郑功成．劳动就业与社会保障：中国基本民生问题的政策协调与协同推进［J］．中国劳动，2008，(8)．

陈答才．新中国成立后党的第一代中央领导集体关于少数民族地区经济社会发展的思想［J］．思想理论教育导刊，2013，(4)．

付蓓，韦怀远．建国初期广西民族地区民生问题研究［J］．湖北民族学院学报（哲社版），2013，(1)．

王相妍．新疆民生问题的哲学思考［J］．黑河学刊，2011，(3)．

陈国裕. 党关注和加强新疆民生建设的历史考察 [J]. 新疆社科论坛, 2011, (4) 2.

张利, 高风. 中国西部地区民生指数比较分析—内蒙古自治区民生现状及其走向 [J]. 内蒙古社会科学: 汉文版, 2011, (1).

王健. 马克思民生思想及其当代启示 [J]. 求实, 2010, (1).

王玉灵, 霍有光. 民主民本民生理念辨析及理论构建 [J]. 北京行政学院学报, 2011, (6).

曾丽雅. 新中国在解决民生问题上的重要决策与实践 [J]. 当代中国史研究, 2012, (1).

林祖华. 论民生的内涵和特点 [J]. 理论与改革, 2012, (3).

张桥. 民生: 中国共产党始终关注的一个重大的基本问题 [J]. 思想理论教育导刊, 2010, (5).

张方玉. "人民生活得更加幸福": 科学发展观的理论自觉和实践指向 [J]. 学术论坛, 2010, (5).

赫雅书, 刘金福, 李燕. 关注尊严层面的民生问题 [J]. 长白学刊, 2011, (2).

张俊领. 构建和谐社会重在解决民生问题 [J]. 理论参考, 2006, (11).

黄克亮. 民生问题的马克思主义解读 [J]. 探求, 2007, (3).

董建萍. 民生问题折射政治—民生问题理论研讨会综述 [J]. 资料通讯, 2007, (5).

刘卫琴. 浅议民生问题 [J]. 湖北社会科学, 2009, (1).

李迎生. 关注民生问题推进社会建设 [J]. 教学与研究, 2008, (1).

周玉萍. 当代中国民生问题的特点与政策需求 [J]. 学习论坛,

2007,（6）.

　　董怀军，李俊斌.和谐社会视角下的民生问题及对策思考［J］.前沿，2009，（8）.

　　吴彦艳.制度创新—解决民生问题的基本路径［J］.重庆交通大学学报：社会科学版，2008，（1）.

　　王强.论民生问题中的政府责任［J］.湖北社会科学，2007，（9）.

　　李红珍，曹文宏.民生问题的政治学解读：一种民生政治观［J］.求实，2008，（1）.

　　郇旭东.当代中国民生问题理论研究述评［J］.合肥师范学院学报，2011，（1）.

　　王太高.民生问题解决机制研究［J］.江苏社会科学，2008，（4）.

　　崔执树，施光跃.民生问题的解决与政府管理的创新——基于治理理论的视角［J］.兰州学刊，2010，（3）.

　　付蓓，韦怀远.马克思主义信仰中国化的普惠研究—基于民生视角［J］.人民论坛，2011，（29）.

　　付蓓.周恩来民族地区民生思想研究［J］.学术探索，2012，（11）.

　　谢冰，李海鹏.民生视角下的民族自治政府绩效管理——一个框架性研究［J］.贵州民族研究，2008，（4）.

　　马秀贞.深入贯彻落实科学发展观必须立足解决民生问题［J］.理论前沿，2007，（19）.

　　岳经纶.社会政策视野下的中国民生问题［J］.社会保障研究，2008，（1）.

耿文清. 解决民生问题共建共享和谐 [J]. 求是, 2007, (16).

李爱萍. 中国目前的主要民生问题及其解决措施 [J]. 求实, 2010, (S2).

张俊领. 构建和谐社会重在解决民生问题 [J]. 社会主义研究, 2005, (4).

王涛. 马克思的人本思想对我国民生问题的启示 [J]. 聊城大学学报: 社会科学版, 2009, (3).

王越芬. 以毛泽东为代表的中国共产党对解决农村民生问题的探索及启示 [J]. 东北师大学报: 哲学社会科学版, 2011, (1).

曹文宏. 民生政治: 民生问题的政治学诠释 [J]. 求实, 2007, (11).

张健. 转型期弱势群体民生问题及其政治参与研究 [J]. 理论与改革, 2008, (6).

唐洪森. 制度和谐是解决民生问题的根本途径 [J]. 马克思主义与现实, 2008, (4).

闫莉, 蒋锦洪. 当代中国民生问题的制度审视 [J]. 理论建设, 2010, (1).

孟戈. 新阶段新疆农村扶贫开发的实践与思考 [J]. 新疆社科论坛, 2009, (5).

王守智. 当代中国民生问题制度变迁理论视角追溯及展望 [J]. 新疆社科论坛, 2011, (6).

李倩. 民族地区构建和谐社会中的民生问题研究 [D]. 兰州: 西北民族大学, 2010.

常文静. 民族地区的民生建设探析 [D]. 北京: 中央民族大学, 2011.

春荣.《民族区域自治法》中的经济自治权研究 [D]. 呼和浩特：内蒙古师范大学，2010.

三、报刊文章

胡锦涛. 在中央民族工作会议暨国务院第四次全国民族团结进步表彰大会上的讲话 [N]. 中国民族报，2005 - 5 - 28.

龚友国. 耿福能：加快民族地区群众民生问题的解决 [N]. 中国企业报，2010 - 02 - 03.

陈成智，袁锋. 解决好少数民族群众的重点民生问题 [N]. 中国民族报，2010 - 11 - 12.

钱丽. "五难" 入手关注 "民生" [N]. 贵阳日报，2008 - 04 - 03.

罗雪. 浅谈西部生态补偿中少数民族利益还原与民生政府建设 [N]. 经济信息时报，2008 - 03 - 05.

李尊杰. 民族团结进步创建活动要切实解决少数民族民生问题 [N]. 中国民族报，2011 - 03 - 25.

赵承，刘伟. 宏观调控中要把改善民生放在更加重要位置 [N]. 人民日报，2011 - 10 - 23.

杨维汉. 坚持民生为先导向树立服务为先理念探索具有广西特点的社会管理新路子 [N]. 人民日报，2011 - 09 - 07.

陈文锋. 广西1300亿元实施十大民生工程 [N]. 法治快报，2010 - 01 - 04.

国务院新闻办公室. 中国的农村扶贫开发 [N]. 人民日报，2001 - 10 - 16.

吴家跃. 倾力打造民生工程 [N]. 广西日报，2011 - 05 - 03.

黎攀，罗侠. 凝心聚力谋发展真心实意保民生 [N]. 广西日报，2010 - 03 - 07.

张海洋，潘文献. 关注地方民族的民生和发展需求 [N]. 中国民族报，2010 - 04 - 02.

李银雁，周洁. 三位广西官员代表的民生话题 [N]. 中国经济时报，2011 - 03 - 15.

内蒙古广西西藏多举措促进民生改善 [N]. 中国民族报，2011 - 08 - 02.